Krishnamurti

Zu Füßen des Meisters

Krishnamurti

Zu FÜSSEN DES MEISTERS

mit einem Kommentar von Srí Ram

EDITION ADYAR

Aus der englischen Originalausgabe
neu übersetzt von Dr. Peter Michel

1. Auflage 2004

Voglherd 1 • D-85567 Grafing

Layout: Annette Wagner

ISBN 3-89427-258-9

Druck: Ebner & Spiegel • Ulm

Denen, die anklopfen

Führe mich
vom Unwirklichen
zur Wirklichkeit!

Führe mich
aus der Finsternis zum Licht!

Führe mich
vom Tod zur Unsterblichkeit!

Inhalt

Wie dieses Buch entstand

Es war im Frühjahr des Jahres 1909, als der große theosophische Eingeweihte Charles W. Leadbeater am Strand der Bucht von Bengalen erstmals den jungen Krishnamurti erblickte. Er war überaus beeindruckt von der geistigen Ausstrahlung des Jungen und erwähnte seinem Sekretär Ernest Wood gegenüber, dieses Kind werde ein großer, weltberühmter spiritueller Lehrer werden.

„Wie groß?", wollte Wood wissen. „So groß wie Annie Besant?"

Leadbeaters Antwort erschütterte ihn: „Weitaus größer!"

Um die Dimension von Leadbeaters Prophezeiung zu verstehen, muss man sie in die Gegenwart übersetzen. Es wäre vergleichbar, wenn er heute gefragt würde: „So groß wie der Dalai Lama?" und die Antwort entsprechend gelautet hätte: „Weitaus größer!"

Annie Besant galt als die herausragendste spirituelle Persönlichkeit ihrer Zeit, und Leadbeaters Vorhersage musste für jedermann völlig überzogen und unglaubwürdig klingen. Zurückschauend lässt sich am Beginn des 21. Jahrhunderts feststellen, dass Leadbeater mit allem, was er über Krishnamurti sagte, Recht behalten hat. Krishnamurti ist in der Tat ein „Weltlehrer" geworden, dessen wirkliche Größe vielleicht erst in der Zukunft erkannt werden wird.

Über die Urheberschaft des vorliegenden kleinen Buches „Zu Füßen des Meisters" gab es schon früh Streit. Leadbeater wurde vorgeworfen, selbst der Autor zu sein.

Dabei wird völlig übersehen, dass von zwei Augenzeugen, Marie Russak und Balfour-Clarke, die schriftliche Abfassung des Buches durch Krishnamurti beobachtet wurde. „Feindlich gesinnte Skeptiker haben oft unterstellt oder zu belegen versucht, dass ein dreizehnjähriger Knabe das Buch „Zu Füßen des Meisters" nicht habe schreiben können. In Zurückweisung solcher Behauptungen möchte ich hier mein persönliches Zeugnis für Krishnamurtis Urheberschaft ablegen, weil ich ihn persönlich schreiben sah. Es war mein besonderes Privileg, damals Krishnaji Englisch lehren zu dürfen, was ihn in die Lage versetzte, niederzuschreiben, was sein Meister zu ihm gesprochen hatte."* Ich halte diese Zeugnisse für glaubwürdiger als Stellungnahmen von Personen, die sich

*Russell Balfour-Clarke, The Boyhood of J. Krishnamurti, Bombay 1977, S.9

aufgrund einer vereinzelten Aussage von Krishnamurti zu diesem Thema äußerten.

„Zu Füßen des Meisters" entstand in einer Zeit des Erwachens und bleibt ein beeindruckendes Zeugnis des mystischen Erlebens des jungen Krishnamurti.

Die Kontroverse um dieses Buch scheint auch daher so heftig entbrannt zu sein, weil eine spätere Generation von 'Krishnamurti-Anhängern' versuchte, ihn völlig zu 'entmystifizieren'. Dabei wird völlig außer Acht gelassen, in welch hohem Maße die Kindheit von Krishnamurti durch mystisches Erleben geprägt war.

Krishnamurtis Mutter wies eine gewisse Hellsichtigkeit auf und konnte die menschliche Aura wahrnehmen.* Er selbst erschaute mehrfach seine Mutter nach ihrem frühen Tod,** las geschlossene Briefe, konnte Gedanken lesen und sehen.***

Alle diese Fähigkeiten, die *vor* dem Kontakt mit der Theosophischen Gesellschaft nachzuweisen sind und auch nicht, mit Krishnamurtis Worten, von dieser „aufgeprägt" oder „imprägniert" worden sein konnten, schienen ihn aber nicht zu beeindrucken. In einer Tagebucheintragung aus dem Jahre 1973 erinnert er sich: „Seit seiner (Krishnamurtis, P.M.) Kindheit war es so gewesen, kein Gedanke trat in sein Bewusstsein ein. Er beobachtete und lauschte und nichts weiter."**** Alles schien eher *durch* Krishnamurti zu geschehen

---

* Vgl. Pupul Jayakar, Krishnamurti, Freiburg 1988, S.33
** ebd.
*** ebd. S.42
**** Krishnamurtis Journal, London 1982, S.11 (dt. Übers. vom Verfasser). Im "Journal" wird auch an einer anderen Stelle (S.27) von Krishnamurti seine vollständig fehlende Erinnerung an seine frühen Kindheitsjahre erwähnt. – Im Gegensatz dazu berichtet A. H. Nethercot in seiner Biographie über A. Besant von einer in Gujerati verfassten Schrift von Mrs. Mangal Das, die eine sehr detaillierte Schilderung der Kindheitsjahre von Krishnamurti enthalten soll, die *er selber* Mrs. Das erzählte. Vgl. Arthur H. Nethercot, The Last Four Lives of Annie Besant, Chicago 1963, S.135

als mit ihm oder von ihm initiiert. Die Begebenheiten jener Zeit rühren tief an das Geheimnis Krishnamurtis. Dies wird noch deutlicher, wenn man eine Episode des Winters 1969 betrachtet. Bei einer der wenigen Gelegenheiten, wo Krishnamurti tief in seine eigene Vergangenheit tauchte, berührte er diese frühe Kindheitsphase. „Der Junge, der völlig unschuldig und unberührt war, musste noch immer beschützt werden, damit keine negativen Kräfte ihm etwas anhaben oder von ihm Besitz ergreifen konnten. Plötzlich hielt Krishnaji mitten im Satz inne und sagte: „Wir sprechen über gefährliche Dinge. Wir könnten sie dadurch anziehen." Seine Stimme klang seltsam fremd, sein Körper richtete sich auf. „Könnt ihr es spüren?" Die Luft im Zimmer vibrierte. Starke Kräfte waren in Bewegung. Krishnaji schwieg lange. Als er wieder zu sprechen begann, hatte sich die Atmosphäre im Raum verändert – eine gute Energie breitete sich aus. Krishnaji fuhr fort."* Hier klingt an, auf welche außerordentliche Weise Krishnamurtis Schicksal mit einer anderen Wirklichkeit verflochten war. Schon als Jugendlichen umhüllten ihn die Wesen und Energien einer höheren Welt, die auch für andere spürbar waren. „Ich empfand eine Harmonie jenseits dessen, was mir bisher vertraut war; und sie hielt so lange an, wie ich mit ihnen (Krishnamurti und sein Bruder Nitya, P.M.) zusammen war."**

Eine Beschreibung der außergewöhnlichen Ausstrahlung – und wieder dominiert die Qualität der Selbstlosigkeit – findet sich auch in einem Dokument von P.G. Wodehouse, der sich über den Krishnamurti des Jahres 1910

* Jayakar, S.282
** Balfour-Clarke, S.5. Vgl. ebd. auch S.14

notierte: „Was uns besonders auffiel, war seine Natürlichkeit. Es war keine Spur von Angabe oder Affektiertheit an ihm. Sein Wesen war immer noch zurückhaltend, bescheiden und ehrerbietig den Älteren gegenüber und höflich zu allen. Er zeigte jenen, die er mochte, lebhafte Zuneigung, was einmalig reizvoll war. Er schien sich seiner 'okkulten' Position ganz unbewusst zu sein. Niemals spielte er darauf an, keinen Augenblick erlaubte er sich in Wort oder Benehmen die leiseste Anspielung darauf. Eine andere Eigenschaft war seine aufrichtige Selbstlosigkeit. Er schien nicht im geringsten von sich selber eingenommen... Wir waren ihm nicht blind ergeben, vorbereitet in ihm nur Vollkommenheit zu sehen. Wir waren ältere Menschen, Erzieher, mit Erfahrungen über Jugendliche. Hätte er auch nur eine Spur von Eingebildetsein oder

Affektiertheit oder gar eine Pose als 'das heilige Kind' sowie eine selbstgefällige Befangenheit gehabt, hätten wir bestimmt ein ungünstiges Urteil abgegeben."*

Die Reinheit und Lauterkeit des jungen Krishnamurti spricht auch aus jeder Zeile von „Zu Füßen des Meisters". Es bedurfte offensichtlich dieser reinen, lichtvollen Seele, um die Botschaft des Meisters aufzunehmen. In diesem Zusammenhang ist es vielleicht interessant darauf hinzuweisen, wie groß die Ähnlichkeiten zwischen dem ganz jungen und dem Krishnamurti der Altersjahre sind. Es war daher sicher nicht zufällig, dass er wenige Jahre vor seinem Tod erstmals wieder - inzwischen waren fünfzig Jahre vergangen - das Zentrum der Theosophischen Gesellschaft in Adyar

---

* Mary Lutyens, Krishnamurti, Grafing 1991, S.29

besuchte. Hier scheint sich ein Lebensbogen geschlossen zu haben.

„Zu Füßen des Meisters“ ist seit nunmehr fast einhundert Jahren das wahrscheinlich meistgelesene und am weitesten verbreitetste Werk der spirituellen Literatur. Möge es auch in dieser neu bearbeiteten Ausgabe seinen segensreichen Weg fortsetzen.

Dr. Peter Michel, 2004

Einführung

von Annie Besant

Mir, als einer Älteren, wird der Vorzug zuteil, ein Wort der Einführung zu diesem kleinen Buch abzufassen, dem ersten, das von einem jüngeren Bruder geschrieben wurde; wahrlich jung an Körper, aber nicht an Seele. Die Lehren, die darin enthalten sind, wurden ihm durch seinen Meister gegeben, als er ihn für die Einweihung vorbereitete. Er schrieb sie aus der Erinnerung nieder, langsam und ungelenk, da sein Englisch noch nicht so gut war, wie es heute ist. Der größere Teil des Textes gibt exakt die eigenen Worte des Meisters wieder; der Rest stellt seine Lehre eingekleidet in die Worte des Schülers dar. Zwei ausgelassene

Sätze wurden seitens des Meisters ergänzt; und in zwei weiteren Fällen ausgelassene Worte eingefügt. In dieser Form ist es so Alcyones (Krishnamurtis) erstes Geschenk an die Welt.

Möge es anderen jene Hilfe bringen, die ihm das gesprochene Wort schenkte – das ist die Hoffnung, die er diesem kleinen Buch mit auf den Weg gibt. Aber diese Lehre kann nur dann Früchte bringen, wenn sie gelebt wird; wenn sie zu jenem Leben erweckt wird, das sie besaß, als sie den Lippen des Meisters entsprang. Wenn dem lebendigen Beispiel so gefolgt wird wie der geschriebenen Lehre, dann wird sich für den Autor wie für den Leser die große PFORTE öffnen – und die Füße können den PFAD betreten.

Annie Besant, 1910

Vorwort

Dies sind nicht meine Worte, sondern jene des Meisters, der mich lehrte. Ohne Ihn hätte ich nichts vollbringen können; doch durch Seine Hilfe habe ich den Pfad betreten. Auch du sehnst dich danach, auf diesem Pfad zu wandeln; deshalb werden diese Worte, die Er zu mir gesprochen hat, auch dir helfen, wenn du ihnen folgst. Es genügt nicht, von ihnen zu sagen, sie seien wahr und schön; sie müssen genau befolgt werden, wenn sie dem Menschen helfen sollen. Der bloße Anblick einer Nahrung wird den Hungrigen nicht sättigen; er muss seine Hand ausstrecken und essen. Ebenso genügt es nicht, des Meisters Worte nur zu hören; du musst selbst umsetzen, was

Er sagt, musst jedes Wort beachten, jeden Hinweis befolgen. Wenn du einen Seiner Hinweise nicht befolgst, wenn dir ein Wort entgeht, ist es dir für immer verloren; denn Er spricht es nicht zum zweiten Mal.

Zu Füssen des Meisters

Vier Eigenschaften sind erforderlich für den, der diesen Pfad beschreiten will:

Unterscheidungskraft
Wunschlosigkeit
Charakterschulung
Liebe

Was der Meister mir über jede dieser Eigenschaften gesagt hat, das will ich versuchen, dir hier mitzuteilen.

1

Unterscheidungskraft

Die erste dieser Eigenschaften ist die Fähigkeit der rechten Unterscheidung. Die Erkenntnis, die den Menschen zum Betreten dieses Pfades bewegt, wird in der Regel als Unterscheidung des Unwirklichen vom Wirklichen aufgefasst. Das ist sie auch. Doch sie ist noch viel mehr. Sie muss stetig weiter entfaltet werden, nicht nur beim ersten Betreten des Pfades, sondern täglich – bis zum letzten Schritt. Du betrittst den Pfad, weil du erfahren hast, dass du nur auf ihm jene Dinge finden wirst, die einen bleibenden

Wert haben. Menschen, die das nicht wissen, arbeiten nur, um Reichtum und Macht zu erlangen; aber diese Dinge gelten doch nur im gegenwärtigen Leben und sind daher unwirklich. Es gibt weitaus größere Dinge, Dinge, die wirklich und dauernd sind; hast du sie erst einmal erschaut, so wirst du die anderen nicht mehr begehren.

Es gibt nur zwei Arten von Menschen auf der Welt – die Wissenden und die Nichtwissenden; und auf das Wissen kommt es an. Welcher Religion und welcher Nation ein Mensch angehören mag, ist nicht wichtig. Wichtig allein ist nur dieses Wissen – das Wissen von Gottes Plan für den Menschen. Gott hat einen bestimmten Plan, und dieser Plan ist die Evolution. Sobald ein Mensch dies erkannt und wirklich verstanden hat, kann er nicht anders, als dafür zu wirken und sich damit zu identifizieren, weil dieses

Ideal so erhaben und so schön ist. Dadurch steht er auf der Seite Gottes. Er wird das Gute tun und dem Bösen widerstreben. Er wird für die Evolution arbeiten, nicht für den Eigennutz.

Jeder, der auf Gottes Seite steht, ist einer der Unsrigen, möge er sich Hindu oder Buddhist, Christ oder Muslim nennen, Inder, Engländer, Chinese oder Russe sein. Alle, die auf Gottes Seite stehen, wissen, warum und wozu sie hier sind; und sie streben danach, den Zweck ihres Daseins zu erfüllen. Alle anderen Menschen wissen noch nicht, was sie tun sollen, sie handeln daher oftmals töricht. Sie erbauen ihre eigenen Wege, von denen sie denken, sie würden ihnen Freude bereiten; aber sie verstehen nicht, dass alle eins sind und deshalb nur das, was das Eine will, uns wirklich Freude schenken kann. Sie streben nach dem Unwirklichen, anstatt nach dem Wirklichen zu trachten. So lange sie nicht zwischen diesen beiden unterscheiden können, stehen sie noch nicht auf Gottes Seite. Daher ist die Fähigkeit zur richtigen Unterscheidung der erste Schritt auf dem Pfad.

Doch selbst wenn diese Wahl getroffen wurde, so musst du dir vergegenwärtigen, dass es verschiedene Arten des Wirklichen und Unwirklichen gibt. Du musst unterscheiden zwischen Recht und Unrecht, Wichtigem und Unwichtigem, Nützlichem und Unnützem, Wahrem und Falschem, Selbstlosem und Selbstsüchtigem.

Zwischen Recht und Unrecht zu wählen, sollte nicht schwer sein; denn die, die dem Meister folgen wollen, haben sich bereits entschlossen, das Rechte um jeden Preis zu tun. Aber der Körper und der Mensch sind zweierlei; der Wille des Menschen ist nicht immer der des Körpers. Wenn dein Körper etwas begehrt, so halte inne und denke nach, ob du das wirklich willst; denn du bist ein höheres Ich, bist göttlich, und du willst nur das, was Gott will. Aber du musst tief in deinem Selbst suchen, um Gott in dir zu finden, du musst seiner Stimme lauschen, die ja deine Stimme ist. Verwechsle deinen Körper nicht mit deinem Selbst - weder den physischen, noch den astralen, noch den mentalen. Jeder dieser Körper wird beanspruchen, das Selbst zu sein, um dadurch zu erlangen, was er wünscht. Du aber musst sie alle kennenlernen und musst erkennen, dass du selbst ihr Meister bist.

Wenn eine Arbeit getan werden soll, möchte der physische Körper ausruhen, möchte ausgehen, essen oder trinken; und der Mensch, der noch nicht „weiß", sagt sich: „Ich möchte dies tun, und ich muss es tun. „Aber der Wissende sagt: „Was du wünschst, ist nicht mein Ich, und daher muss es eine Weile warten.“ Oft, wenn sich die Gelegenheit bietet, jemandem zu helfen, fühlt der Körper: „Wie viel Mühe wird mir das bereiten; möge irgendjemand anderes dies tun.” Doch ein solcher Mensch antwortet seinem Körper: „Du sollst mich nicht hindern, Gutes zu tun.“

Der Körper ist dein Nutztier – das Pferd, auf dem du reitest. Daher musst du ihn gut behandeln und gewissenhaft für ihn sorgen. Du darfst ihn nicht überfordern, du musst ihm reine Nahrung geben und ihn immer peinlich sauber halten, ihn selbst vor den kleinsten Schmutzflecken bewahren, denn ohne einen völlig reinen und gesunden Körper kannst du das so mühevolle Werk geistiger Vorbereitung nicht vollbringen, kannst die unaufhörliche Anstrengung nicht ertragen. Immer musst du es sein, der den Körper beherrscht, niemals er dich.

Der Astralkörper hat stets seine eigenen unzähligen Wünsche. Er will, dass du ärgerlich wirst, harte Worte sagst, eifersüchtig und geldgierig bist, andere um ihren Besitz beneidest und traurigen Stimmungen und Depressionen nachgibst. Alles dies und noch vieles mehr wünscht dein Körper; nicht weil er dir schaden möchte, sondern weil er intensive Schwingungen liebt und sie auch beständig wechseln möchte. Aber du bedarfst dieser Reize nicht, und deshalb musst du deine Wünsche unterscheiden von den Wünschen deines Körpers.

Dein Mentalkörper möchte sich stolz absondern; er möchte hoch von sich selbst und gering von anderen Menschen denken.

Sogar dann, wenn du dich von weltlichen Dingen abgewendet hast, trachtet er noch immer nach Eigennutz. Er will dich veranlassen, nach deinem eigenen Fortschritt zu streben, anstatt an des Meisters Werk zu denken und anderen zu helfen. Wenn du meditierst, versucht er deine Gedanken auf die vielerlei verschiedenen Dinge zu richten, die er wünscht, anstatt auf das Eine, das du wünschst. Du bist nicht der Verstand; du sollst ihn nur gebrauchen. So ist auch hier Unterscheidungsgabe nötig. Du musst unaufhörlich Acht geben, sonst wirst du straucheln.

Zwischen Recht und Unrecht kennt die esoterische Lehre keinen Kompromiss. Was es auch kosten mag, du musst das tun, was recht ist; und was unrecht ist, darfst du nicht tun, was immer auch die Nichtwissenden denken oder sagen mögen. Du musst die verborgenen Naturgesetze gründlich erforschen; und sobald du sie erkannt hast, musst du mit Vernunft und gesundem Menschenverstand dein Leben danach einrichten.

Du musst zwischen Wichtigem und Unwichtigem unterscheiden. Stehe dort fest wie ein Felsen, wo es sich um Recht und Unrecht handelt. Gib anderen gegenüber nach in unwichtigen Dingen; denn du musst stets sanft und freundlich sein, vernünftig und entgegenkommend. Gewähre anderen dieselbe Freiheit, die du auch für dich selbst beanspruchst.

Versuche zu erkennen, was zu tun sich lohnt; und bedenke, dass eine Sache nicht nach ihrem Umfang zu beurteilen ist. Eine Kleinigkeit, die unmittelbar dem Werk des Meisters dient, ist wertvoller als etwas Großes, das die Welt gut nennen mag. Du musst nicht nur das Nützliche vom Unnützen unterscheiden, sondern auch das Nützliche vom weniger Nützlichen. Arme zu speisen, ist ein gutes, edles und nützliches Werk; aber ihre Seelen zu speisen, ist noch edler und nützlicher, als die Körper zu ernähren. Jeder Reiche kann den Körper speisen, aber nur die Wissenden können der Seele Nahrung geben. Wenn du über Wissen verfügst, so ist es deine Pflicht, anderen zu helfen, damit auch sie erkennen.

Wie weise du auch sein magst, du hast auf dem geistigen Pfad noch viel zu lernen – so viel, dass auch dazu Unterscheidungskraft notwendig ist. Du musst sorgfältig unterscheiden, was des Lernens wert ist. Wohl ist alles Wissen nützlich, und eines Tages wirst du über alles Wissen verfügen, doch so lange du nur einen Teil davon hast, sorge dafür, dass es der wertvollste ist. Gott ist sowohl Weisheit als auch Liebe, und je mehr du Weisheit hast, um so mehr kannst du von ihm auch offenbaren. Lerne daher, aber lerne das zuerst, was dir am meisten dienen wird, um anderen zu helfen. Forsche geduldig, aber nicht, damit die Menschen dich für weise halten, auch nicht, damit du die Glücksempfindung hast, dich selbst weise zu schätzen, sondern einzig darum, weil allein der Weise einsichtsvoll zu helfen weiß. Wie sehr du auch helfen möchtest, wenn du unwissend bist, kannst du mehr schaden als nützen.

Du musst zwischen Wahrheit und Unwahrheit unterscheiden. Du musst lernen, durch und durch wahrhaftig zu sein, in Gedanken, in Worten und in Taten.

Zuerst in Gedanken – aber das ist nicht leicht; denn in der Welt wirken viele unwahre Gedanken und viel törichter Aberglaube. Wer aber Sklave dieser Dinge ist, kann keine Fortschritte erzielen. Deshalb darfst du einen Gedanken nicht annehmen, nur weil andere ihn für wahr halten, auch nicht, weil man seit Jahrhunderten daran geglaubt hat oder weil er geschrieben steht in einem Buch, das man für heilig hält. Du musst darüber selbst nachdenken; und du musst selbst beurteilen, ob er vernünftig ist. Merke dir, wenn auch tausend Menschen übereinstimmen im Urteil über eine Sache, von der sie nichts wissen, so ist ihre Meinung wertlos. Wer auf dem Pfad wandeln will, muss lernen, für sich selbst zu denken, denn der Aberglaube ist eines der größten Übel in der Welt, eine der Fesseln, von denen du dich befreien musst.

Deine Gedanken über andere müssen wahrhaftig sein; du darfst nichts von ihnen denken, was du nicht bestimmt weißt. Setze nicht voraus, dass sie stets an dich denken. Wenn jemand etwas tut, was, wie du meinst, dir schaden wird, und wenn er etwas sagt, was du auf dich beziehst, dann glaube nicht sofort: „Er wollte mich beleidigen." Höchstwahrscheinlich hat er gar nicht an dich gedacht, denn jedermann hat seine eigenen Sorgen, und seine Gedanken drehen sich meistens um ihn selbst. Wenn jemand mit dir ärgerlich redet, dann denke nicht: „Er hasst mich und will mir wehtun." Vielleicht hat ein anderer oder etwas anderes ihm Ärger verursacht; und weil er dich gerade trifft, lässt er seinen Ärger nun an dir aus. Er handelt töricht, denn Zorn ist eine Torheit; aber du darfst deshalb nichts Falsches von ihm denken.

Wenn du der Schüler eines Meisters wirst, so kannst du stets die Wahrheit deines Denkens an seinem messen; denn der Schüler ist eins mit dem Meister. Er braucht nur seine Gedanken in die seines Meisters hineinzuversetzen, um zu sehen, ob sie übereinstimmen. Tun sie das nicht, so sind seine Gedanken falsch, und er wird sie sofort berichtigen; denn des Meisters Gedanken sind vollkommen, weil er alle Weisheit besitzt. Diejenigen, die er noch nicht angenommen hat, können dies allerdings noch nicht leisten, doch sie können sich damit helfen, dass sie sich oft fragen: „Was würde der Meister wohl darüber denken? Was würde er unter diesen Umständen sagen oder tun?“ Du darfst nie etwas tun, sagen oder denken, von dem du dir nicht vorstellen kannst, dass es der Meister tun, sagen oder denken könnte.

Auch in deiner Rede musst du stets wahrhaft sein, genau und ohne Übertreibung. Unterstelle niemandem bestimmte Beweggründe, denn nur sein Meister kennt seine Gedanken. Er mag aus Gründen handeln, an die du gar nicht gedacht hast. Wenn du etwas Negatives hörst über einen anderen Menschen, wiederhole es nicht, denn es könnte ja gar nicht wahr sein; aber selbst wenn es wahr sein sollte, so ist es doch besser, darüber zu schweigen. Denke gut nach, ehe du sprichst, damit du nicht in Ungenauigkeit verfällst.

Sei wahrhaftig im Handeln. Gib dich niemals anders, als du bist; denn alle Vorspiegelung trübt das reine Licht der Wahrheit, das durch dich hindurchleuchten soll, so wie Sonnenlicht durch ein klares Glas strahlt.

Du musst auch zwischen Selbstsucht und Selbstlosigkeit unterscheiden. Die Selbstsucht nimmt viele Gestalten an; und wenn du denkst, du hast sie in der einen Form getötet, dann erhebt sie sich in einer anderen stärker als vorher. Allmählich wirst du aber von dem Wunsch, anderen zu helfen, so beseelt sein, dass du weder Zeit noch Raum finden wirst für Gedanken an dich selbst.

Noch auf eine andere Art hast du Unterscheidungskraft anzuwenden. Lerne, Gott in jedem Menschen und in jedem Ding zu erkennen, gleichviel wie böse er oder es äußerlich erscheinen mag. Du kannst deinem Bruder helfen durch das, was ihr gemeinsam habt – das göttliche Leben. Lerne, es in ihm zu erwecken, lerne, es in ihm zu finden; dann wirst du deine Erdengeschwister vor Unrecht bewahren.

2

Wunschlosigkeit

Für viele Menschen ist die Forderung nach Wunschlosigkeit eine schwierige Forderung, weil sie fühlen, dass sie ihre Wünsche selbst *sind.* Wenn ihnen ihre speziellen Wünsche, Neigungen und Abneigungen genommen würden, bliebe nichts von ihrem Selbst mehr übrig. Aber das betrifft nur solche, die den Meister noch nicht gesehen haben. Im Licht seiner heiligen Gegenwart schwindet jeglicher Wunsch, außer dem einen, so zu werden wie er. Aber auch ehe du das Glück hast, ihm leibhaftig zu begegnen, kannst du doch schon frei von Wünschen werden, wenn du es nur willst. Die Unterscheidungskraft hat dir bereits gezeigt, dass das, was die Menschen am meisten begehren, wie Reichtum und Macht, nicht des Besitzes wert ist. Wenn dies wahrhaft erkannt und nicht nur ein Lippenbekenntnis ist, dann lösen sich alle diese Wünsche auf.

Soweit ist das alles einfach; du hast es nur zu verstehen. Aber mancher freilich gibt das Streben nach irdischen Zielen nur auf, um dafür den Himmel zu gewinnen oder um von seiner Wiedergeburt befreit zu werden. Diesem Irrtum darfst du nicht verfallen. Wenn du ganz und gar dein Ich vergessen hast, kannst du nicht daran denken, wann dieses Ich frei werden oder welche Art von Himmel es erleben wird. Bedenke, dass jeder selbstsüchtige Wunsch dich bindet, wie edel er auch sein mag; und ehe du nicht sämtliches Begehren aufgegeben hast, wirst du nicht völlig frei sein, um dich dem Werk des Meisters zu widmen.

Wenn aber alle selbstsüchtigen Wünsche vergangen sind, mag immer noch einer zurückgeblieben sein, nämlich das Verlangen, den Erfolg deines Wirkens zu sehen. Hilfst du jemandem, so möchtest du gerne wissen, wie viel du ihm geholfen hast. Vielleicht möchtest du sogar, dass er dir dafür dankbar ist. Doch auch dies ist noch ein Begehren und ein Mangel an Vertrauen. Wenn du deine Kraft verströmst, um zu helfen, dann kann der Erfolg nicht ausbleiben, ob du ihn sehen kannst oder nicht. Wenn du das Gesetz kennst, weißt du, dass es stets so sein muss. Daher tue nur das Gute um des Guten willen, nicht in der Hoffnung auf Belohnung. Du musst um des Werkes willen arbeiten, nicht in der Hoffnung, Erfolg zu sehen. Du musst dich dem Dienst an der Welt widmen, nur weil du sie liebst und weil du gar nicht anders kannst, als dich für sie hinzugeben.

Hege kein Verlangen nach psychischen Kräften. Sie werden sich einstellen, sobald der Meister findet, dass es gut für dich ist, über sie zu verfügen. Werden sie vorher erzwungen, so wird das nachteilige Folgen zeitigen. Oft wird ihr Besitzer von betrügerischen Naturgeistern getäuscht oder bildet sich ein, dass er sich nicht mehr irren könne. Die Zeit und die Kraft, die er aufwenden müsste, um sie zu gewinnen, wären besser angewendet, um anderen zu helfen. Solche Kräfte kommen im Laufe der Entwicklung; sie *müssen* kommen. Wenn der Meister sieht, dass es nützlicher für dich ist, sie schon früher zu besitzen, so wird er dich lehren, wie du sie ohne Gefahr entwickeln kannst. Bis dahin ist es besser für dich, darauf zu verzichten.

Du musst dich auch vor manchen kleinen Wünschen hüten, die das tägliche Leben mit sich bringt. Wünsche nie zu glänzen oder klug zu scheinen; hege nicht den Wunsch zu reden. Es ist gut, wenig zu reden. Es ist noch besser, gar nichts zu sagen, wenn du nicht ganz sicher bist, dass das, was du sagen willst, wahr, freundlich und auch hilfreich ist. Ehe du sprichst, denke sorgfältig nach, ob das, was du sagen möchtest, diese drei Eigenschaften aufweist; wenn nicht, dann schweige.

Es ist gut, wenn du dich jetzt daran gewöhnst, sorgfältig nachzudenken, ehe du sprichst; denn wenn du die Einweihung erlangt hast, musst du über jedes Wort streng wachen, damit du nichts sagst, was verschwiegen werden muss. Viel alltägliches Geschwätz ist unnütz und töricht. Der

Klatsch ist vollends unwürdig. Gewöhne dich daran, mehr zuzuhören als zu reden. Trage deine Ansichten nicht vor, wenn du nicht ernstlich nach ihnen gefragt wirst. Man hat die Anforderungen zur Einweihung auch in die vier Worte gefasst – wissen, wagen, wollen und schweigen. Das Letzte zu erlernen, ist am schwersten.

Ein anderer allgemeiner Wunsch, den du energisch unterdrücken musst, ist das Verlangen, dich in anderer Leute Angelegenheiten einzumischen. Was ein anderer tut, sagt oder glaubt, geht dich nichts an. Du musst lernen, ihn völlig sich selbst zu überlassen. Er hat volles Recht auf freies Denken, Reden und Handeln, so lange er nicht einem anderen in den Weg tritt. Du selbst beanspruchst auch die Freiheit, das zu tun, was du für richtig hältst. Eben diese Freiheit musst du auch dem anderen gewähren; und wenn er von ihr Gebrauch macht, darfst du dich nicht darüber auslassen.

Wenn du glaubst, er tue Unrecht, und es bietet sich die Gelegenheit, ihn vertraulich und sehr höflich darauf aufmerksam zu machen, warum du so denkst, kannst du ihn vielleicht davon überzeugen; aber es gibt Fälle, in denen selbst dies eine unangemessene Einmischung wäre. Unter keinen Umständen darfst du dich mit einem Dritten darüber unterhalten und schwätzen; denn das ist eine ganz schlechte Tat.

Siehst du jemanden eine Grausamkeit verüben gegen ein Kind oder ein Tier, dann ist es deine Pflicht einzuschreiten. Verletzt jemand die Gesetze des Landes, dann solltest du die Behörden benachrichtigen. Ist ein anderer Mensch dir anvertraut, ihn zu belehren, dann kann es deine Pflicht sein, ihn sanft auf seine Fehler aufmerksam zu machen. Außer diesen Fällen aber kümmere dich nur um deine Angelegenheiten und übe die Tugend des Schweigens.

3

Charakterschulung

Der Meister nennt die folgenden sechs Regeln zur Charakterschulung:

1. Selbstbeherrschung im Denken
2. Selbstbeherrschung im Handeln
3. Toleranz
4. Gleichmut
5. Zielstrebigkeit
6. Vertrauen

(Ich weiß, dass diese Regeln oft anders übersetzt werden, ebenso auch die vier Grundeigenschaften; ich gebrauche aber hier in allen Fällen die Bezeichnungen, die der Meister angewendet hat, als er sie mir erklärte.)

1. SELBSTBEHERRSCHUNG IM DENKEN

Die Forderung nach Wunschlosigkeit zeigt, dass der Astralkörper im Zaum gehalten werden muss; dasselbe gilt auch vom Mentalkörper. Darunter ist zu verstehen, dass man sein Gemüt derart beherrschen muss, dass man weder Ärger noch Ungeduld empfindet; dass man ferner seinen Verstand so beherrscht, dass die Gedanken immer ruhig sind und ungestört verlaufen; und endlich, dass man auch die Nerven durch das Denken beherrscht, so dass sie möglichst wenig reizbar sind. Letzteres ist besonders schwierig, weil der Körper in der Vorbereitung für den geistigen Pfad sensibler wird. Seine Nerven werden leicht durch ein

Geräusch oder einen Schreck gestört; und jeder Druck wird als Schmerz empfunden. Doch du musst dein Bestes tun, um diese Vorraussetzungen zu schaffen.

Zur Ruhe der Gedanken sowie des Gemütes gehört auch Mut, um ohne Furcht den Prüfungen und Schwierigkeiten auf dem Pfad die Stirn bieten zu können. Es erfordert auch Standhaftigkeit und Gleichmut, um die Sorgen des täglichen Lebens leicht nehmen zu können und sich nicht mit einer Unmenge kleiner Dinge abzuquälen, mit denen viele Menschen den größten Teil ihrer Zeit verbringen. Der Meister lehrt, dass es ohne Bedeutung ist, was dem Menschen äußerlich zustößt. Kummer, Mühen, Krankheiten und Verluste sollten für ihn nichts bedeuten, und sie dürfen nicht den Gleichmut seines Geistes stören. Sie sind nur die Folgen früherer Taten. Wenn sie an dich herantreten, musst du versuchen, sie freudig zu ertragen, indem du dir sagst, dass alles Übel vorübergeht und du stets die Pflicht hast, heiter und gelassen zu sein. Sie gehören deinem früheren Leben an, nicht diesem. Du kannst sie nicht ändern, daher ist es unnütz, dich darüber zu beunruhigen. Denke lieber an das, was du jetzt tust; denn heute legst du die Ursachen für die Ereignisse deines nächsten Lebens; und diese kannst du jetzt gestalten.

Erlaube dir niemals Traurigkeit oder Depressionen. Niedergeschlagenheit ist ein Übel, denn sie ist ansteckend für andere Menschen und erschwert ihr Leben. Das darfst du nicht tun; wann immer eine solche Stimmung über dich kommt, schüttele sie sofort von dir ab.

Auch sonst musst du deine Gedanken beherrschen; du darfst sie nicht schweifen lassen. Was immer du tust, konzentriere dich so, dass du es vollkommen tust. Lasse deinen Geist nie müßig sein. Gute Gedanken sollten immer in Bereitschaft stehen, um zum Vorschein zu kommen, sobald dein Geist nicht anderweitig beschäftigt ist. Gebrauche deine Gedankenkraft jeden Tag für gute Zwecke; fördere die Evolution. Denke jeden Tag an jemanden, den du in Sorge oder Leid weißt und der deiner Hilfe bedarf. Sende ihm liebevolle Gedanken.

Sei nicht stolz; denn Stolz entspringt nur der Unwissenheit. Der Unwissende dünkt sich groß, weil er diese oder jene große Tat vollbracht hat. Der Weise weiß, dass nur Gott groß ist und jedes gute Werk durch Gott allein bewirkt wird.

2. SELBSTBEHERRSCHUNG IM HANDELN

Wenn dein Denken das ist, was es sein soll, dann wird dir dein Handeln nicht viel Schwierigkeiten bereiten. Aber denke daran, dass die rechte Tat auf den Gedanken folgen muss, wenn du der Menschheit nützen willst. Du darfst nicht träge werden, sondern musst beständig für das Gute tätig sein. Doch du musst dabei deine eigene Pflicht erfüllen, nicht die eines anderen; es sei denn, dass er dir dazu Erlaubnis gibt und du ihm behilflich sein kannst. Lasse jeden seine eigene Arbeit auf seine eigene Weise tun. Sei stets zur Hilfe bereit, sobald es erforderlich ist, aber mische dich nie störend ein. Für viele ist es das Schwerste auf der Welt, zu lernen, sich um die eigenen Angelegenheiten zu kümmern; das aber ist es, was du vor allem tun musst.

Wenn du nun versuchst, höhere Aufgaben zu übernehmen, darfst du gleichwohl deine alltäglichen Pflichten nicht vernachlässigen. Ehe diese nicht erfüllt sind, bist du nicht für andere Dienste frei. Du solltest keine neuen weltlichen Pflichten auf dich nehmen, aber allen, die du übernommen hast, musst du völlig gerecht werden. Damit sind alle selbstverständlichen, vernünftigen Pflichten gemeint, die du selber anerkennst, nicht aber eingebildete Pflichten, die dir andere aufzuladen suchen. Wenn du für den Meister lebst, musst du auch die gewöhnliche Arbeit besser tun als andere Menschen, denn auch diese musst du um seinetwillen verrichten.

3. TOLERANZ

Du musst für alle Menschen vollkommene Toleranz empfinden. Du sollst lebhaften Anteil nehmen an dem religiösen Glauben anderer, gerade so wie an dem deinen; denn ihre Religion ist wie die deine ein Pfad zum Höchsten. Willst du allen helfen, musst du zuerst alle verstehen.

Doch um diese vollkommene Toleranz zu leben, musst du selbst frei von Fanatismus und Aberglaube sein. Du musst erkennen, dass Zeremonien unnötig sind, sonst hältst du dich möglicherweise für klüger als die, welche sie nicht mehr vollziehen. Andererseits darfst du auch nicht diejenigen verdammen, die noch an Zeremonien festhalten. Mögen sie nach ihren Wünschen handeln. Allerdings dürfen sie sich dir, der du die Wahrheit kennst, nicht entgegenstellen, sie dürfen dir nicht etwas aufdrängen wollen, dem du schon entwachsen bist. Übe Nachsicht und sei freundlich gegen alle.

Jetzt, da deine Augen geöffnet sind, kann dir wohl einiges von deinem alten Glauben und den alten Zeremonien töricht erscheinen; und vielleicht sind sie es auch wirklich. Gleichwohl achte die Zeremonien um der guten Seelen willen, für die sie noch von Bedeutung sind, wenn auch du selbst nicht mehr an ihnen teilnehmen kannst. Sie haben ihren Zweck und ihren Nutzen. Sie gleichen jenen zwei Linien in den Schreibheften, die deine kindlichen Schriftzüge gerade lenkten, bis du lerntest, weit besser und freier ohne sie zu schreiben. Es gab eine Zeit, da du ihrer bedurftest; jetzt liegt sie weit hinter dir. Ein großer Lehrer schrieb einst: „Als ich ein Kind war, redete ich wie ein Kind und war klug wie ein Kind; als ich aber eine Mann ward, tat ich ab, was kindisch war.“ Indessen kann jemand, der seine Kindheit ganz vergessen und es verlernt hat, mit Kindern zu fühlen, nicht der rechte Mensch sein, um sie zu lehren und ihnen zu helfen. Blicke daher gleichermaßen freundlich, gütig und tolerant auf alle, seien sie Buddhisten oder Hindus, Jainas oder Juden, Christen oder Muslime.

4. GLEICHMUT

Trage dein Karma gelassen, wie immer es sein mag. Erachte es als eine Ehre, wenn dir Leid zuteil wird, denn es beweist, dass die *Herren des Karma* dich ihrer Hilfe für würdig halten. Wie schwer dein Schicksal auch sein mag, sei dankbar dafür, dass es nicht schlimmer ist. Bedenke auch, dass du dem Meister wenig nützen kannst, ehe nicht dein böses Karma sich ausgewirkt hat und du frei geworden bist. Indem du dich ihm anbotest, hast du zugleich gewollt, dass dein Karma beschleunigt werde; und nun arbeitest du in einem oder in zwei Leben das ab, was sonst über hundert Leben verteilt worden wäre. Um aber das Beste daraus zu machen, ertrage es gleichmütig und gelassen.

Und noch ein anderer wichtiger Punkt. Du musst frei werden von jeglichem Besitzanspruch. Mag auch das Karma dir das Liebste nehmen, selbst die Menschen, die deinem Herzen am nächsten stehen; so musst du auch das freudig ertragen und bereit sein, alles aufzugeben. Oftmals muss der Meister seine Kraft durch den ihm Dienenden auf andere ausströmen lassen. Das ist ihm nicht möglich, wenn sein Bote depressiven Gefühlen erliegt. Deshalb muss stets Gleichmut in dir herrschen.

5. ZIELSTREBIGKEIT

Das einzige, was du im Auge haben solltest, ist, die vom Meister aufgetragene Arbeit auszuführen. Diese darfst du nie vergessen, was auch sonst zu tun dir in den Weg kommt. Aber es *kann* dir kaum etwas anderes in den Weg treten, denn alles selbstlose hilfreiche Wirken ist Arbeit, die vom Meister gesandt ist, und um seinetwillen musst du sie ausführen. Du musst jeder einzelnen Aufgabe deine volle Aufmerksamkeit widmen, als ob jede Arbeit deine beste Leistung werden sollte. Derselbe Lehrer schrieb auch: „Alles, was ihr tut, das tut von Herzen, als sei es für den Herrn und nicht für den Menschen."

Handele immer so, wie du deine Aufgabe erfüllen würdest, wenn du wüsstest, dass sofort der Meister käme, um sie zu prüfen.

So musst du alle deine Arbeiten erledigen. Jene, die am meisten wissen, kennen auch am besten die Bedeutung jener Zeilen. Es gibt auch noch einen ähnlichen, viel älteren Vers: „Was immer deine Hand zu tun findet, tue es mit aller Kraft.“

Zielstrebigkeit heißt auch, dass dich nichts je von dem Pfad abbringen kann, den du betreten hast, auch nicht für einen Augenblick. Keine Versuchung, keine weltlichen Vergnügungen, auch keine weltlichen Gefühle dürfen dich jemals ablenken. Denn du selbst musst eins werden mit diesem Pfad. Er muss dir so sehr zur eigenen Natur werden, dass du ihm folgst, ohne darüber nachdenken zu müssen und ohne davon abweichen zu können. Du, der göttliche Geistesfunke, hast dies beschlossen; sagtest du dich von ihm los, so sagtest du dich los von deinem eigenen Selbst.

6. VERTRAUEN

Du musst deinem Meister vertrauen; und du musst dir selbst vertrauen. Wenn du den Meister gesehen hast, wirst du ihm bedingungslos vertrauen, durch viele Leben und Tode hindurch. Wenn du ihn noch nicht gesehen hast, so musst du doch versuchen, ihn dir vorzustellen und ihm zu vertrauen; denn wenn du dieses Vertrauen nicht hast, kann selbst er dir nicht helfen. Wo nicht vollkommenes Vertrauen herrscht, können Liebe und Kraft nicht ungehindert fließen.

Du musst dir selbst vertrauen. Du sagst, du kennst dich nur zu genau? Wenn du so denkst, kennst du dich *nicht*. Du kennst allein die schwache äußere Hülle, die oft versagt hat. Du aber – dein wahres Selbst –, du bist ein Funke von Gottes eigenem Feuer. Gott, der All-mächtige, ist in dir, deshalb gibt es nichts, was du nicht vermagst, wenn du es willst. Sprich zu dir selbst: „Was Menschen je getan haben, das können Menschen wieder tun. Ich bin ein Mensch, und doch auch Gott im Menschen; ich kann dies tun und will es tun!" Dein Wille muss unerschütterlich werden, wenn du auf dem Pfad wandeln willst.

4

Liebe

Von allen Eigenschaften ist die wichtigste die Liebe; denn wenn sie in einem Menschen stark genug ist, leitet sie ihn, alle anderen Eigenschaften zu erwerben. Ohne Liebe aber würden alle anderen nicht genügen. Oft bezeichnet man sie auch als den großen Wunsch nach Befreiung vom Kreislauf der Geburten und Tode und nach der Vereinigung mit Gott. So ausgedrückt, klingt dies aber selbstsüchtig; und es gibt nur einen Teil seiner Bedeutung wieder. Es ist nicht so sehr ein sehnsüchtiger Wunsch, als vielmehr *Wille* und *Entschlossenheit*. Soll dieser Entschluss sein Ziel erreichen, so muss er dein ganzes Leben ausfüllen, so dass kein Platz für irgendeine andere Bestrebung übrig bleibt. Es ist zwar in der Tat der Wille, eins zu sein mit Gott, nicht aber, um dadurch Mühen und Leiden zu entgehen, sondern um in deiner innigen Liebe zu Ihm mit Ihm und gleich Ihm zu handeln. Weil Er Liebe ist, musst auch du, damit du eins wirst mit Ihm, vollkommene Selbstlosigkeit und Liebe werden.

Im täglichen Leben heißt dies zweierlei: Erstens, dass du dich sorgfältig hütest, jemals ein Lebewesen zu verletzen, und zweitens, dass du auf jegliche Gelegenheit achtest, um zu helfen. Füge auch niemandem ein Leid zu!

Drei Sünden richten mehr Unheil an als alles andere in der Welt: Klatsch, Grausamkeit und Aberglaube. Diese drei sind Sünden gegen die Liebe. Vor ihnen muss jeder, der sein Herz mit Gottes Liebe anfüllen will, beständig auf der Hut sein.

Schaue dir an, was Klatsch anrichtet. Er geht aus von einem bösen Denken, was an sich schon ein Verbrechen ist; denn in jedem Menschen und in jedem Ding ist Gutes sowie Böses. Eines wie das andere können wir dadurch verstärken, indem wir daran denken. Auf diese Weise können wir die Evolution fördern oder behindern. Dadurch können wir dem Willen des Logos folgen oder ihm widerstehen. Wenn du Böses von einem Menschen denkst, so begehst du gleichzeitig drei schlechte Dinge:

1. Du füllst deine Umgebung mit bösen Gedanken statt mit guten, und dadurch vermehrst du das Leiden in der Welt.

2. Wenn wirklich in dem Menschen jenes Böse ist, an das du denkst, so stärkst du

es und nährst es. Dadurch machst du den Bruder schlechter anstatt besser. Doch gewöhnlich ist das Böse gar nicht da, du hast es dir nur eingebildet; dann verführt dein böser Gedanke vielleicht deinen Bruder, um Unrecht zu tun. Da er nicht vollkommen ist, machst du aus ihm, was du von ihm gedacht hast.

3. Du füllst dein eigenes Gemüt mit bösen Gedanken statt mit guten; und auf diese Weise behinderst du dein eigenes Wachstum. Du bist dann für andere, die schauen können, ein hässlicher, peinlicher Anblick, nicht ein schöner, liebenswürdiger, wie du sein solltest.

Nicht genug, dass ein solcher Schwätzer sich selbst und seinem Opfer all dies Leid zufügt, er versucht mit aller Macht, auch andere Menschen in sein Unrecht hineinzuziehen. Eifrig bemüht er sich, ihnen

Schlechtigkeiten zu erzählen, in der Hoffnung, dass jene sie ihm glauben. Wenn ihm dies gelingt, so strahlen sie vereint mit ihm ihr böses Denken auf das arme Opfer aus. Dies findet überall statt, Tag für Tag; und nicht bloß einer tut es, sondern zahllose Menschen.

Siehst du, wie niedrig und wie schändlich dieses Unrecht ist? Das musst du entschieden vermeiden. Sage niemals Schlechtes über irgendjemanden. Weigere dich zuzuhören, wenn einer von einem anderen Böses redet. Erwidere dann freundlich: „Dies ist vielleicht nicht wahr; und wenn es doch wahr wäre, ist es gütiger und besser, nicht davon zu reden."

Sprechen wir noch über die Grausamkeit. Es gibt davon zwei Arten – die absichtliche und die unabsichtliche. Die größte aller Untaten ist es, einem anderen Lebewesen absichtlich Schmerz zuzufügen. Dies ist mehr die Tat eines Teufels als die eines Menschen. Du wirst sagen, kein Mensch könne so etwas tun; aber viele haben es schon oft getan, und viele tun es täglich. Die Inquisitoren taten es; und viele gläubige Menschen taten es im Namen ihrer Religion. Vivisektoren tun es. Einige Lehrer tun es gewohnheitsmäßig. Alle diese Leute suchen ihre Rohheit damit zu entschuldigen, dass es so Brauch sei. Aber ein Verbrechen hört nicht auf, eines zu sein, nur weil viele es begehen. Karma wird nicht durch Gewohnheit oder Brauchtum aufgehoben. Das Karma der Grausamkeit ist aber eines der schrecklichsten von allen. In Indien gibt es überdies auch keine Ausrede für solcherlei Gebräuche, denn die Pflicht der Milde und des Nichtschädigens ist allen bekannt. Das Geschick der Grausamen trifft auch alle, die Gottes Geschöpfe töten und dies „Sport" nennen.

Ich weiß, du würdest solche Dinge niemals tun; und um der Liebe Gottes willen wirst du, wenn sich die Gelegenheit dazu bietet, offen dagegen auftreten. Aber es gibt eine Grausamkeit in Worten wie in Taten. Wer ein Wort sagt, um vorsätzlich jemanden damit zu verletzen, macht sich des Verbrechens schuldig. Auch das würdest du nicht tun. Doch manchmal richtet ein unbedachtes Wort ebenso viel Schaden an wie ein boshaftes. Du musst daher auch vor solchen unabsichtlichen Grausamkeiten auf der Hut sein.

Vielfach entspringen sie auch der Gedankenlosigkeit. Ein Mensch ist manchmal so erfüllt von Gier und Habsucht, dass er nicht daran denkt, wie viel Leid er anderen dadurch zufügt, dass er zu wenig bezahlt oder seine Frau und seine Kinder nicht ausreichend ernährt. Ein anderer denkt nur an seine Wollust und kümmert sich nicht um die Seelen und Körper, die er dabei rücksichtslos zugrunde richtet. Um sich einige Minuten Mühe zu ersparen, unterlässt es ein Arbeitgeber manchmal, seine Arbeiter pünktlich zu bezahlen. Er denkt nicht an die vielen Schwierigkeiten, die er ihnen so bereitet. Sehr viel Leiden wird gerade durch solche Sorglosigkeit verschuldet, weil man vergisst, darüber nachzudenken, welche Auswirkungen diese Handlungen für andere Menschen haben. Aber nie vergisst Karma etwas; es macht keine Ausnahmen für das, was Menschen nur vergessen. Wenn du den Pfad betreten willst, dann denke an die Folgen deiner Handlungen, damit du dich nicht gedankenloser Grausamkeiten schuldig machst.

Ein anderes machtvolles Übel ist der Aberglaube. Er hat viele schwere Grausamkeiten verursacht. Wer des Aberglaubens Sklave ist, verachtet andere, die weiser sind als er; und er versucht, sie zu dem zu zwingen, was er selbst tut. Denke an das schauderhafte Morden, das die abergläubischen Tieropfer forderten, und an den noch grausameren Aberglauben, dass der Mensch zu seiner Ernährung Fleisch benötige. Denke an das Elend, das der Aberglaube in unserem geliebten Indien den unterdrückten Klassen angetan hat; erkenne daraus, wie diese üble Eigenschaft herzlose Grausamkeit hervorbringt sogar unter denen, welche die Pflicht der Bruderliebe kennen. Unter dem Alpdruck des Aberglaubens haben Menschen selbst im Namen des Gottes der Liebe zahllose Verbrechen verübt. Sorge deshalb dafür, dass nicht die geringste Spur davon in dir zurückbleibt.

Diese drei großen Verbrechen musst du meiden, denn sie machen jeden Fortschritt unmöglich, weil sie gegen die Liebe sündigen. Doch enthalte dich nicht nur des Bösen, sondern wirke tatkräftig für das Gute! Du musst von dem innigen Wunsch zu dienen erfüllt sein, musst stets bereit sein, allem in deiner Umgebung nützlich zu sein, nicht nur den Menschen, sondern auch den Tieren und Pflanzen. Solche Hilfe musst du täglich schon in kleinen Dingen leisten, so dass dir dies zur Gewohnheit wird. Dann wirst du nicht die seltene Gelegenheit versäumen, wenn sich dir eine große Aufgabe bietet. Wenn du dich sehnst, eins mit Gott zu werden, verlangst du dies doch nicht um deinetwillen, sondern weil du ein Vermittler für seine Liebe werden willst, damit sie deinen Mitmenschen zuteil werde.

Wer auf dem Pfad wandelt, lebt nicht für sich selbst, sondern nur für andere; er hat sich selbst vergessen, um anderen zu helfen und zu dienen. Er ist gleichsam eine Schreibfeder in Gottes Hand, durch die Gottes Gedanke fließt und so einen Ausdruck finden kann, den er ohne jene Schreibfeder nicht erhalten könnte. Doch er gleicht auch einer Garbe von lebendigem Feuer, welche auf die Welt die Gottesliebe ausstrahlt, die sein Herz erfüllt.

Weisheit, die dich fähig macht zu helfen; Wille, der die Weisheit ausführt; Liebe, die begeisternd durch den Willen wirkt – das sind die drei Erfordernisse. Wille, Weisheit und Liebe sind die drei Aspekte des Logos. Ihr, die ihr in Seine Dienste treten wollt, müsst der Welt diese Aspekte vorleben.

Lausche auf die Worte des Meisters
Erschaue das verborgene Licht;
Und folge seiner Weisung,
Selbst in der Hektik des Alltags.

Achte auf sein geringstes Zeichen
Über den Häuptern der Menge;
Und vernimm sein leisestes Flüstern
Über den lautesten Erdengesängen.

Kommentar

Srí Ram

Die Lehren, die in *Zu Füßen des Meisters* enthalten sind, wurden einem Jugendlichen erteilt. Sie sind in einer einfachen Form verfasst, um einen ungeschulten, unverdorbenen Verstand anzusprechen.

Oft halten wir nur das Komplizierte für wichtig und tiefgründig. Etwas Einfaches erscheint uns banal und unbedeutend. Es gelingt uns deshalb nicht, seine wahre innere Bedeutung zu verstehen. So einfach aber die Lehren von *Zu Füßen des Meisters* auch sein mögen, sie können uns, wenn wir nach ihnen leben, für bisher ungeahnte Einsichten in die Wahrheit empfänglich machen. Unsere Natur muss von innen entfaltet werden; wenn dies geschehen ist, sind wir verwandelt. Wir beginnen, in die Natur, in das Leben und in alles andere, mit dem wir zu tun haben, eine Einsicht zu erhalten, die so weit wie der Himmel ist und die ein Ausmaß an Schönheit aufweist, das wir uns bisher nicht hätten vorstellen können.

Es heißt, man muss die Wahrheit für sich selbst entdecken. „Von selbst und allein habe ich die Wahrheit entdeckt", sprach Buddha. Was ist also die Aufgabe des wahren Lehrers? Wenn man jung ist, braucht man bestimmt Anleitung; von einem Kind kann man nicht erwarten, es solle die Wahrheit für sich selbst entdecken. Man muss ihm beibringen, was richtig ist; es muss Rücksichtnahme und gutes Benehmen lernen. Und diese Lehren muss man ihm auf eine Weise erteilen, die sein Gefühl für das, was richtig und falsch ist, direkt und unmittelbar anspricht. In jedem Menschen ist ein entsprechender Instinkt vorhanden, ehe die Umwelt sich seiner bemächtigt hat.

Ein Kind ist seiner Mutter nahe; es empfängt seine Nahrung von ihr; es lernt gewisse grundlegende Wahrheiten von ihr und ebenso später von einem Lehrer, der ihr gleicht und dem es sozusagen die Milch der Erkenntnis verdankt. Wenn der junge Mensch aber heranwächst, muss er die Wahrheit in höherem Maße für sich selbst entdecken. Er muss in den tieferen Sinn der Dinge eindringen; er muss den Weg, auf dem ihn seine Mutter und sein Lehrer führten, nochmals durchwandern und dessen Eigenart für sich selbst entdecken. Er muss die Wahrheit, die er vielleicht intuitiv annahm – die innere Bedeutung der Wahrheit im Unterschied zu ihrer äußeren Form – kennen lernen und sich selbst verständlich machen.

Es folgt dann die dritte Stufe, in welcher sein Ziel und seine Orientierung dem Ziel des Menschen gleicht, den er als sein Vorbild betrachtet. Wenn jemand rein altruistisch ist, ist es sein einziges Ziel im Leben, nicht nur jenen, mit denen er verbunden ist, sondern allen Wesen jeden möglichen Segen zu vermitteln; dann tritt er in einen Zustand innerer Gemeinschaft mit ihnen. Dieselbe Strömung fließt durch alle, und aufgrund des gemeinsamen Interesses oder der starken Affinität, die unter ihnen entsteht, wird es ihnen möglich, wie Krishnamurti es ausdrückt, gemeinsam eine Reise zu unternehmen.

Die Beziehung zwischen einem echten Meister und dessen Schüler oder Mitarbeiter ist ähnlicher Art. Eine gewisse Mischung der Strömungen wird möglich, wenn die Naturen beider so lauter sind, dass der natürlichen Identifikation mit dem anderen nichts entgegensteht. Obwohl es also zwei Strömungen gibt, sind sie eine Einheit, weil sie die gleiche Eigenart entwickelt haben. Es handelt sich dann um die Vermischung des Bewusstseins oder der Natur zweier Menschen, in denen sich der gleiche Geist entfaltet. Bei der Beziehung zwischen dem Meister und dem Schüler geht es nicht einerseits um Beherrschung und andererseits um Unterwerfung, sondern es geht um eine gemeinsame Reise in das weite Gebiet der Wahrheit.

Zu Füßen des Meisters handelt von der ersten Stufe, auf der der Schüler in der Nähe des Meisters „sitzt". Das ist die Bedeutung von *Upanishad*; *upa* bedeutet „nahe" und *shad* „sitzen". Auf dieser Stufe werden gewisse Einsichten ausgedrückt; die Wahrheit ist nicht Gegenstand eines Streitgesprächs oder einer Beweisführung. Dem Schüler wird nur angeboten, was er so leicht in sich aufnehmen kann, wie das Kleinkind die Muttermilch. Das Buch zeigt nicht, wie man Wahrheit entdeckt; es ist nicht die Rede von Wahrnehmung, Gier, Ehrgeiz und Freiheit. Mit solchen Dingen befasst sich ein Jugendlicher noch nicht. Sagt man ihm aber, er solle sich gut benehmen, dann wird er – vorausgesetzt, er ist ein aufgeweckter Junge – sofort verstehen, was mit „gut" gemeint ist. Diese Lehre richtet sich an einen solchen Verstand und eine solche Natur und ist äußerst praktisch; deshalb ist sie für uns alle wertvoll.

Die Voraussetzungen zum Betreten des Pfades, die hier angeführt werden, entsprechen mit einigen Unterschieden den alten indischen Lehren. Der auffallendste dieser Unterschiede besteht darin, dass hier die Rede nicht vom „Wunsch nach Befreiung“ ist – wie die vierte der Eigenschaften meistens genannt wird – sondern von der „Liebe“. Oberflächlich betrachtet, sind diese ganz verschieden. Der Wunsch nach Befreiung ist ein komplexer metaphysischer Begriff. Was ist Befreiung? Wer wird befreit? Und wie entsteht diese Befreiung? Aber was die Liebe ist, verstehen alle, jeder auf seine Art. Das Buch lässt überflüssige Argumente beiseite und erklärt die Natur der Liebe mit praktischen, unmissverständlichen Worten.

Die erste Eigenschaft – die Unterscheidungskraft – ist in jeder Lebensstufe wichtig zur Unterscheidung zwischen dem Wirklichen und dem Unwirklichen. Die Frage der Wirklichkeit war in Indien immer Gegenstand komplizierter Abhandlungen, wobei sich ein Lehrer vom anderen unterschied.

Sehr viele Bücher behandeln dieses Thema. Es wird die Meinung vertreten, dass die Welt eine Täuschung und die Wirklichkeit nicht in den Phänomenen zu finden, sondern ausschließlich subjektiv ist. Darüber lässt sich viel diskutieren, – und je geringer das Verständnis ist, desto heftiger die Diskussion.

Nach den Worten von *Zu Füßen des Meisters* liegt das Unwirkliche in den Wegen, die ein Mensch für sich wählt, weil er sie für angenehm hält, die aber im Widerspruch zur natürlichen Entwicklung, zur Evolution stehen. Der Mensch meint, diese oder jene Dinge würden ihn glücklich machen, was zunächst auch zutrifft. Wenn er aber deren Verlockungen nachgibt, führen sie zu Enttäuschung und Leid, denn sie sind nicht das, wofür er sie hielt. Die Welt ist voller solcher Verlockungen und Täuschungen.

Das Wort „Gott“ wird in diesem Buch vielfach gebraucht, weshalb einige meinen, es könne nicht vom Meister K.H. angeregt worden sein, weil dieser in einem langen Brief den Begriff „Gott“ ablehnte. Aber das, was abgelehnt wird, ist die Vorstellung eines persönlichen Gottes – eines bewussten Wesens, getrennt vom Universum, das bestimmt, was sein soll, wie die Dinge zu ordnen sind, was der Mensch erleiden soll und Ähnliches. Hier wird nicht über das Wesen Gottes diskutiert, denn das würde einem jungen Verstand nicht helfen. Was wir in diesem ersten Abschnitt finden, ist die Äußerung, dass „alle eins sind und deshalb nur das, was das Eine will, uns wirklich Freude machen kann“. (S.31) Erst gegen Ende des Textes erscheint das Wort „Logos“, und Wille, Weisheit und Liebe werden als dessen drei Aspekte bezeichnet.

Der Unterschied zwischen dem Wirklichen und dem Unwirklichen wird erklärt mit Begriffen wie Recht und Unrecht, Wichtiges und Unwichtiges, Nützliches und Nutzloses, Wahrheit und Unwahrheit, Selbstsucht und Selbstlosigkeit. Einige mögen dies für zu einfach halten; sie verlangen etwas, das, wie sie meinen, ihre geistigen Muskeln trainiert. Dies bedeutet, dass sie den Abschnitt nur oberflächlich gelesen haben, ohne zu verstehen, wie praktisch er ist.

Zuerst wird unterschieden zwischen dem wirklichen Menschen und seinen drei „niederen" Naturen – dem physischen, dem astralen und dem mentalen Körper. Natürlich wird der Ausdruck „der wirkliche Mensch" nicht benutzt, denn das würde die Frage hervorrufen: Was ist der wirkliche Mensch? Es gehört Weisheit dazu, eine einfache Äußerung so zu formulieren, dass sie nicht zu allerlei verwirrenden Gedanken führt. Im Wesentlichen ist diese Unterscheidung die Gleiche, die man in der Vedanta-Lehre findet. Sri Shankaracharya spricht im *Kleinod der Unterscheidung* vom Selbst im Unterschied zum Nicht-Selbst und sagt, dass die Unwissenheit in der Identifikation des einen mit dem anderen liegt. Was ist aber das Selbst und was ist das Nicht-Selbst? Ein Mensch hat Besitztümer und eine Stellung im Leben und meint, diese gehörten ihm, er identifiziert sich also damit. Aber es handelt sich um eine Täuschung, denn er, das Selbst (das ein Bewusstseinsstrom ist), besitzt nichts und kann, schon auf Grund seiner Natur, nichts besitzen. Die ganze Vorstellung des Besitzes ist vollständig künstlich. Ein Weiser betrachtet seine Besitztümer nicht als sein eigen, sondern als etwas, das ihm zum verantwortlichen Gebrauch anvertraut wurde.

Ebenso müssen wir aufhören, uns mit unserem Körper zu identifizieren. Selbst wenn wir nicht glauben, dass wir der Körper sind – was die Meinung eines Kindes oder von jemandem wäre, der die materialistische Ansicht hegt, dass das Leben ein Erzeugnis der Materie ist – mögen wir zu der Auffassung neigen, der Körper gehöre uns zu unserem eigenen Gebrauch. Wir müssen aufhören, uns mit unseren körperlichen Bedürfnissen und Bedingungen zu identifizieren. Der geistige Sucher – jener, der bestrebt ist, auf dem *Pfad* zu gehen – muss lernen, den Körper lediglich als ein Werkzeug zu betrachten. Das mag einfach erscheinen, aber wie viele Menschen haben diese Einsicht in die Praxis umgesetzt?

Im Hatha-Yoga werden bestimmte Übungen – die Konzentration auf gewisse Zentren im Körper oder auf die Atmung – im Hinblick darauf gelehrt, Beherrschung über dieses Werkzeug zu erlangen. In extremen Fällen nimmt der Hatha-Yoga die Form von Selbstkasteiung an. In indischen Büchern liest man über Menschen, die ins Wasser eintauchen, um zu meditieren, die einige Jahre lang im Kopfstand verharren oder die so tief in Meditation versinken, dass Ameisenhaufen um ihre Körper herumwachsen. Natürlich brauchen wir das alles nicht zu wörtlich zu nehmen.

In *Zu Füßen des Meisters* wird der Körper mit einem Pferd verglichen, das man gut behandeln, für das man gewissenhaft sorgen und das man in gutem Zustand halten sollte, was alles sehr einleuchtend ist. Die Lehre, die hier erteilt wird, weist darauf hin, dass einerseits nutzlose Askese und törichte

Härte zu vermeiden sind, andererseits aber auch Genusssucht und die Unachtsamkeit, mit der man seinem Vergnügen frönt: „Immer musst du es sein, der den Körper beherrscht..." (S.35) Sobald sich der Reiter irgendwohin begeben möchte, muss das Pferd bereit sein, ihn dorthin zu tragen. Gleicherweise sollten wir nicht, wenn etwas zu tun ist, der Faulheit, der Trägheit oder irgendwelcher Genusssucht nachgeben. Dies scheint einfach, aber wenn wir versuchen, danach zu handeln, entdecken wir, dass es nicht so leicht ist. Der Meister K.H. schreibt in einem seiner Briefe, das Einzige, was einem Esoteriker versagt werde, sei jegliche Spur von Genusssucht. Wie viele von uns sind also fähig, Esoteriker zu sein? Wir alle geben der Trägheit und der Gewohnheit nach, und es fehlt uns am Willen, damit Schluss zu machen.

Es ist interessant zu bemerken, dass Krishnamurti nie sagt: Tut dies oder jenes. Er versucht nur, das Richtige oder Falsche einer Idee oder Haltung zu erklären. Er fragt uns, ob wir je versucht haben, unsere Genusssucht aufzugeben. Wenn wir an das Rauchen gewöhnt sind, haben wir je versucht, es einfach auf der Stelle und ein für alle Mal aufzugeben? Er sagt nicht: Gebt es auf. Sondern nur: Habt ihr es versucht? Wir müssen aufhören, uns durch die Gewohnheiten des Körpers und des Verstandes beherrschen zu lassen. Streng genommen ist es der Verstand, der entscheidet, ob wir dem Körper folgen oder nicht. H. P. Blavatsky sagt, dass es nie der Körper ist, der sündigt – denn er wirkt auf eine elementare, mechanische Art und Weise –, sondern dass der Fehler im *Kama-Manas*, im begehrenden Denken, liegt.

Ebenso müssen wir aufhören, uns mit unseren Gefühlen zu identifizieren. Schon die Form dieser Äußerung deutet auf die Annahme hin, dass es ein „Ich“ gibt, das getrennt von den Gefühlen existiert. Es ist sehr schwierig, uns von unseren Gefühlen zu lösen. Wir mögen andere nicht, wir kritisieren sie, wir lehnen uns auf, ärgern uns, sind feindselig oder was auch immer. Können wir uns in solchen Augenblicken von unseren Gefühlen lösen, indem wir einsehen, dass sie nicht wir selbst sind? Dies mag schwierig sein, aber wenn wir es tun können, verlieren die Gefühle sofort ihre Macht. Es sind Phänomene, die sich im Rahmen unserer Natur ereignen, aber wenn wir uns von ihnen loslösen, stehen wir nicht länger unter ihrer Herrschaft. Das klingt zwar einfach, aber es interessiert viele Menschen nicht, diese einfachen Lehren anzuwenden. Sie verlangen nach intellektueller Anregung, wollen Ideen speichern und für gesellschaftliche Zwecke, zur Unterhaltung, für Vorträge, Bücher etc. Material sammeln.

Viele Menschen werden zustimmen, dass wir nicht mit unseren Gefühlen identisch sind, doch der Verstand urteilt und hält ein gewisses Gefühl für berechtigt. Zum Beispiel meint jemand, der neidisch ist, er habe Grund dazu, weil ihm die Möglichkeiten der anderen versagt blieben. Der Verstand gleicht in seiner Selbstrechtfertigung einem Anwalt vor Gericht, der für oder gegen alles plädieren kann und sich immer eine einseitige Beweisführung erlaubt. Aber der Verstand wird von den Gefühlen beeinflusst. Wie kann dieser Verstand, der einer Vielfalt von Zwängen ausgesetzt ist und von Gefühlen bewegt wird, entscheiden, ob diese Gefühle gerechtfertigt sind? Die Wahrheit einer solchen Äußerung kann nicht verstanden werden, es sei denn, man kommt selbst zu dieser Einsicht und übernimmt sie nicht einfach von einem anderen Menschen.

In *Zu Füßen des Meisters* werden Zorn, Eifersucht, Gier, Neid und Depression als Gefühle erwähnt, mit denen wir uns in unserer Ignoranz identifizieren. Diese Gefühle sind Grundbestandteil des Elementallebens, denn sie gehören zu jener Seite von uns, die heftigen Schwingungen ausgesetzt ist. Wir leisten uns diese Gefühle, weil wir sie genießen. Die Eifersucht quält uns, aber sie enthält eine verborgene Freude, und außerdem suchen wir das, was unseren Schmerz vermehrt. Zum Beispiel meint ein Mensch, jemand, den er gern hat, mag nicht ihn, sondern einen anderen, und er sucht auf jede mögliche Art und Weise die Bestätigung dieser Vermutung. Oder er schwelgt in Selbstmitleid. Wenn er sich einbildet, ein Opfer der Umstände oder anderer Leute zu sein, findet er in solchen Gedanken etwas Befriedigendes und Tröstendes.

Das Wort „Schwingungen" wird im Zusammenhang mit diesen Gefühlen gebraucht, um darauf hinzuweisen, dass sie, wie der physische Körper, eine gewisse mechanische Eigenschaft haben. Daher ziehen sie heftige Schwingungen vor und nicht solche, die sanft und zart sind.

Dann gibt es den Verstand, dessen wesentliches Merkmal Isolation ist. Es heißt, er neige zu Hochmut, Selbstsucht, Ehrgeiz und Unbeständigkeit. Wir identifizieren uns wiederum in unserem Unwissen mit dem Verstand, aber das Buch weist uns darauf hin: Du bist nicht dieser Verstand. Es ist schwierig, dies einzusehen, denn wenn wir nicht der Verstand sind, was sind wir dann? Diese Frage wird im Buch nicht aufgeworfen, außer in einem Zusammenhang, in dem es heißt: „...du bist ein Funke von Gottes eigenem Feuer..." (S.66) Und mit dieser Äußerung scheint man vielleicht die Frage als beantwortet anzusehen.

Wir müssen daran denken, dass diese Lehren an einen sehr jungen Verstand gerichtet waren und es ihm überlassen blieb, herauszufinden, was das wahre „Ich" ist. Dieses Geheimnis kann man nicht durch Forschen oder Hinterfragen entdecken, sondern nur durch Intuition. Obwohl es gelehrte Bücher über das Selbst und dessen Beschaffenheit gibt, muss man die Wahrheit im eigenen Inneren, unter der Anleitung der Intuition, selbst finden. Wir meinen zu wissen, was das Selbst ist, wenn wir ihm gewisse Eigenschaften zuschreiben; aber selbst wenn unsere Vermutungen bezüglich dieser Eigenschaften begründet sind, stellt dies kein wahres Wissen dar.

Es gibt in Indien viele Gedankenströmungen, die über die Frage des Selbst verschiedener Meinung sind. Eine dieser Schulen lehrt, dass *Purusha*, der Geist, vollständig passiv und nur ein Zuschauer ist. Er gleicht einem Magneten, der verschiedene Strömungen aussendet, selbst aber vollständig unbeeinflusst im Mittelpunkt bleibt. *Purusha* hat alles, ist aber lahm; er sitzt auf den Schultern von *Prakriti* (der Natur im Allgemeinen), die ihn tragen muss. Bei einer anderen Schule heißt es, dass *Purusha* die Energie ist, die in alles eintritt und zahllose Gegenstände gleichzeitig bewegt. Es gibt Argumente für das eine wie für das andere: Das Selbst hat Eigenschaften – es hat keine Eigenschaften; das Selbst ist von Gott getrennt – das Selbst ist eins mit ihm; es ist seiner Natur nach Gott ähnlich.

Vielleicht sollte ein Theosoph bei Streitigkeiten gar nicht Partei ergreifen, sondern frei und offen bleiben. Er sollte alles in Betracht ziehen und zu keinem festen Urteil kommen, was diese Fragen betrifft, weil er dazu nicht in der Lage ist. Platon machte oft eine Äußerung, fasste sie in die Form einer Allegorie und schloss mit den Worten: „Dies oder etwas Ähnliches – ist die Wahrheit." Mit anderen Worten, man bezieht keine endgültige Position in solchen Belangen, denn dann würde man dort festsitzen und könnte keine anderen Gesichtspunkte in Betracht ziehen, um so der Wahrheit näher zu kommen.

Es gibt viele Abschnitte im ersten Kapitel dieses Buches, die nach sorgfältiger Prüfung verlangen, etwa der Folgende:

„Zwischen Recht und Unrecht zu wählen, sollte nicht schwer sein; denn die, die dem Meister folgen wollen, haben sich bereits entschlossen, das Rechte um jeden Preis zu tun..." (S.32) Es mag schwierig scheinen, danach zu handeln, denn was ist richtig? In diesem Punkt entstehen Meinungsverschiedenheiten. Gewöhnlich hält man das, was angenehm ist, für das Richtige. Aber es heißt in einer der Upanishaden: „Die Weisen ziehen das Richtige dem Angenehmen vor." Letzten Endes ist das Wissen um das, was richtig ist, eine Sache der intuitiven Entscheidung. Der Verstand kann allerlei Beweise und Selbstrechtfertigungen vorbringen. Die Menschen können kluge Argumente für etwas anführen, das offenbar vollkommen falsch ist. Grausamkeiten verschiedenster Art werden mit Begründungen gerechtfertigt, die aus der Luft gegriffen sind. Das, was den Menschen persönlich gefällt, beeinflusst sie bei ihrer Entscheidung darüber, was richtig ist. Andere erheben jede Kleinigkeit, die ihnen passt, zu einem unabänderlichen Prinzip.

In den klugen Worten von *Zu Füßen des Meisters* heißt es dazu: „Gib anderen gegenüber nach in unwichtigen Dingen..." (S.37) Wiederum stellt sich die Frage: Was ist wichtig und was ist unwichtig? Wir müssen Unterscheidungsvermögen und Urteilskraft zeigen. Wir können zu nachgiebig sein, wenn es sich um den Weg des geringsten Widerstands handelt. Jemand drängt sich uns auf und möchte ein lästiges Streitgespräch anfangen. Es ist möglich, nachzugeben und zu sagen: „Ja, Sie haben Recht. Das, was Sie sagen, hat etwas für sich" – und ihm so seinen Willen zu lassen, weil wir nicht gestört werden wollen.

Andererseits ist das Nachgeben anderen gegenüber auch eine Form der Rücksicht und die Grundlage guten Benehmens.

Ein paar Sätze weiter lesen wir: „Versuche zu erkennen, was zu tun sich lohnt; und bedenke, dass eine Sache nicht nach ihrem Umfang zu beurteilen ist.“ (S.37) Wir sollen die Dinge nicht nach ihrem Umfang, ihrer Pracht und Großartigkeit beurteilen. Anschließend heißt es:

„Arme zu speisen, ist ein gutes, edles und nützliches Werk; aber ihre Seelen zu speisen, ist noch edler und nützlicher, als die Körper zu ernähren.“ (S.38) Vielleicht liegt hier unsere Aufgabe in der Theosophischen Gesellschaft, denn die Theosophie ist die Weisheit, die unser ganzes Unglück an der Wurzel packt. Wir können verschiedene Maßnahmen ergreifen, um Not zu lindern, aber wenn wir den Menschen helfen können, die *Ursachen* der Not zu vermeiden, bedeutet dies eine größere Hilfe.

Es gibt eine interessante Äußerung über Wahrheit im Denken. „Deshalb darfst du einen Gedanken nicht annehmen, nur weil andere ihn für wahr halten, auch nicht, weil man seit Jahrhunderten daran geglaubt hat oder weil er geschrieben steht in einem Buch, das man für heilig hält.“ (S.40) Dies erinnert an die Worte Buddhas: „Du musst die Sache für dich durchdenken und für dich beurteilen, ob sie vernünftig ist.“ Theosophen zumindest sollten sich durch diese Haltung auszeichnen. Sie sollten nicht einfach mit dem Strom schwimmen, sondern zur Seite treten und für sich überlegen, was wahr und was falsch ist.

Es folgt ein weiterer ausgezeichneter Ratschlag: „Unterstelle niemandem bestimmte

Beweggründe, denn nur sein Meister kennt seine Gedanken. Er mag aus Gründen handeln, an die du gar nicht gedacht hast." (S.42) Es handelt sich hier um eine Anweisung, der wir alle folgen können, und wenn wir es tun, werden unsere Beziehungen zu anderen Menschen dadurch erheblich verbessert. Annie Besant und C. Jinarajadasa zeichneten sich beide durch diese Eigenschaft aus; sie betrachteten nur die Handlung eines Menschen, anstatt ihm Motive zuzuschreiben. Wenn ein Motiv nicht ganz offensichtlich ist, ist es am besten, sich gar nicht damit zu befassen, sondern es als etwas zu betrachten, das einzig und allein den anderen angeht. Es ist immer möglich, sich in irgendeiner Richtung zu irren.

Über Aufrichtigkeit im Handeln gibt es die folgenden Hinweise: „Gib dich niemals anders, als du bist; denn alle Vorspiegelung trübt das reine Licht der Wahrheit, das durch dich hindurchleuchten soll, wie Sonnenlicht durch klares Glas." (S.43) Wir sollten kein Theater spielen wollen, nicht vorgeben, anders zu sein, als wir sind. Wenn wir diesen Hinweisen folgen, wird unsere ganze Natur klar, alle Hindernisse für wahres Verstehen werden aufgehoben und unsere innere Sicht oder Intuition wird zugängig.

Im Vorwort zu diesem Buch lesen wir: „Ebenso genügt es nicht, des Meisters Worte nur zu hören; du musst selbst umsetzen, was er sagt, musst jedes Wort beachten, jeden Hinweis befolgen. Wenn du einen seiner Hinweise nicht befolgst, wenn dir ein Wort entgeht, ist es dir für immer verloren; denn er spricht es nicht zum zweiten Mal." (S.23 f.) Wörtlich genommen, mag dies nicht zutreffen. Sogar wir, die wir weniger geduldig als der Meister sind, werden zweimal sprechen – sogar ein Dutzend Male – wenn jemand nicht versteht. Warum sollte der Meister seine Worte für so wertvoll halten, dass er sie kein zweites Mal spricht?

Wenn wir den Meister aber mit jener inneren Stimme gleichsetzen, der wir lauschen müssen, kann uns die Wahrheit dieser Äußerung einleuchten. Wenn wir auf die innere Stimme nicht hören, wenn wir das, was wir intuitiv für richtig und für wahr halten, nicht in die Tat umsetzen, dann brechen wir unsere Beziehung dazu ab und der Strom fließt nicht mehr. Es muss immer ein Fließen geben zwischen dem, was wir fühlen und denken und unserer Handlung. Wenn eine Unterbrechung zwischen Denken und Handeln eintritt, dann stagniert das Denken.

Der Meister appelliert also immer an die Intuition. Wenn jemand mit ihm zusammen an einer bestimmten Aufgabe arbeitet, kann es sein, dass er ihm Weisungen erteilt, aber dies geschieht äußerst selten. In einem der Mahatma-Briefe heißt es: „Wir erteilen keine Befehle.“ Der Meister gibt nur einen Hinweis oder drückt eine Wahrheit aus, und wir müssen uns demgemäß verhalten. Er zwingt niemandem das auf, was er weiß. Er respektiert die Freiheit des Einzelnen und überlässt es jedem selbst, der eigenen inneren Führung zu folgen.

Der Pfad, dem wir zu folgen bestrebt sind, befindet sich nicht außerhalb von uns. In den "vier Eigenschaften" wird in kurzen Worten dargelegt, wie wir sein sollen. Es heißt, wer dem Pfad folgen möchte, muss mit diesem Pfad eins werden. Es dreht sich deshalb um eine Art zu leben, zu denken, zu fühlen und zu handeln, die unserem tiefsten Wesen entspringt. Demzufolge ist es die natürlichste Sache auf Erden. Wir alle sind in größerem oder kleinerem Maße unnatürlich und entsprechen der Welt in ihrer Falschheit und Entartung. Wenn wir aber dem Pfad folgen, müssen wir uns selbst gegenüber treu sein, wir müssen zu unserem eigentlichen Wesen zurückkehren.

Der Pfad „...muss dir so sehr zur eigenen Natur werden, dass du ihm folgst, ohne darüber nachdenken zu müssen und ohne davon abweichen zu können." (S.65) Der Pfad ist eigentlich der Ausdruck unserer eigenen Natur, der Art und Weise, wie sie sich entfaltet, wenn sie sich selbst überlassen wird, ohne jeglichen Druck von außen. „Ohne darüber nachdenken zu müssen" bedeutet, dass wir dem Pfad ganz natürlich folgen. Wenn wir darüber nachdenken, wägen wir die Bedingungen ab. Wir versuchen, zwischen dem einen und dem anderen Pfad zu wählen. Das Nachdenken weist immer auf eine Entscheidungsmöglichkeit hin. Soll es dieses oder jenes sein? Was ist besser? Was ist vorteilhafter? Wenn wir aber nicht darüber nachdenken, bedeutet dies, dass wir dem Pfad spontan folgen – aus einer innewohnenden Einsicht, die in der Wahrnehmung unseres eigenen Wesens besteht.

Die falschen Wege werden uns eigentlich durch unser Wunschdenken vorgeschrieben. Deshalb folgt der Unterscheidungskraft als „zweite Eigenschaft" die Wunschlosigkeit. Die Wunschlosigkeit mag vielen Menschen nicht behagen; aber sie darf nicht als ein blutloser, trockener Zustand gesehen werden.

Die „vierte Eigenschaft" – welche als die Allerwichtigste beschrieben wird – ist die

Liebe. Die Tatsache, dass die Liebe als die Grundbedingung für ein Leben in Übereinstimmung mit dem *Pfad* gilt, sollte die Vorstellung widerlegen, dass die Wunschlosigkeit einem leblosen Zustand gleichkommt. In einem seiner Briefe widerlegt der Meister K.H. die Vorstellung, dass die Adepten getrockneten Veilchenblättern gleichen, die zwischen den Seiten eines Buches gepresst wurden. In Wirklichkeit ist die Liebe zur Menschheit, zu allem, was existiert, die vorherrschende Leidenschaft eines Adepten. Was ihn kennzeichnet, ist eine hingebungsvolle Selbstlosigkeit, eine Liebe, die keine Grenzen kennt und jedes einzelne Lebewesen einschließt. Es handelt sich um eine Liebe, hinter der alles andere im Leben zurücksteht – alle Überlegungen der Vorsicht und jeder Hang zum Eigennutz.

In der indischen Tradition wird dieses letzte Erfordernis als „der Wunsch nach Befreiung" bezeichnet. Man betrachtet es als die Freiheit vom erzwungenen Kreislauf von Geburt und Tod. Aber der Meister weist darauf hin, dass dies selbstsüchtig klingen mag. Man ersehnt Befreiung aus seinem Gefängnis, Rettung aus der Unruhe, in der man sich befindet, Erlösung von den Zwängen des Lebens. So wird die Suche nach Befreiung zu einer Art Flucht vor dieser traurigen Angelegenheit, dem Leben.

Aber der Wunsch nach Befreiung bedeutet eigentlich die Liebe zu einem Zustand, der an sich frei ist. Er gleicht dem Atem des eigenen Wesens, wie man ihn in sich selbst erlebt. Jemand mag in den vier Wänden eines Gefängnisses eingeschlossen sein, sich aber gleichzeitig innerlich in einem Zustand der Freiheit befinden, der Seligkeit bedeutet.

Wenn man sich innerlich frei fühlt, ohne irgendwelche Last oder Spannung, fließt man über von der Glückseligkeit, die das Leben an sich ist. Aber es geht hier nicht um Befreiung von etwas Bestimmtem. Der Wunsch, von einem lästigen Zustand oder einem unangenehmen Menschen befreit zu werden, ist nur eine Reaktion. Es ist nicht die Lösung des Problems an sich, und es wird sicher anderswo wieder entstehen. Der Wunsch nach Befreiung sollte nicht als Reaktion oder aus Abneigung entstehen, sondern aus der Liebe zur Freiheit an sich. Obwohl es paradox klingt, geht es bei der Freiheit um die Befreiung von psychologischen Bedingungen, mit denen wir uns identifizieren, sowie von deren Varianten und Abwandlungen, und deshalb um die Befreiung von uns selbst. Natürlich konnte der Meister einem Jugendlichen keine solche Erklärung geben, deshalb sagte er einfach: Es handelt sich um die Liebe. Selbst ein junger Mensch kann dies verstehen.

Ein Wünschen, das weder heiß noch kalt ist, gleicht einer erhöhten Temperatur – man ist kränklich. Der Wunsch nach Befreiung muss aber so stark sein, dass er eine grundlegende Wandlung bewirkt – ebenso stark wie das Verlangen nach Luft bei jemandem, der unter Wasser ist. Er muss zu einer Leidenschaft werden.

Psychische Fesseln sind auch moralische Fesseln. Unsere Moral, die größtenteils konventionell ist, – dieses darf man tun, jenes aber nicht –, ist keine Moral im wahren Sinne des Wortes. Um zu verstehen, was Moral ist, müssen wir zuerst die Natur unseres eigenen Wesens verstehen. Die Moral muss sich auf die Wahrheit gründen und nicht auf künstliche Vorstellungen, die sich von Land zu Land unterscheiden. Vor allen Dingen muss sie auf universaler Bruderschaft beruhen.

In der esoterischen Lehre ist es die Wahrheit - nicht die Konvention - die unser Verhalten prägen muss. Die Wunschlosigkeit darf nicht als das Abtöten unserer Aufgeschlossenheit für das Schöne gelten, was besonders in Indien ein weitverbreitetes Missverständnis ist. Verwicklungen entstehen nur dann, wenn das Wünschen eine egoistische Wendung nimmt. Wir mögen etwas schätzen, seine Schönheit wahrnehmen, aber im Augenblick, in dem wir sagen: „Ich muss es haben", handelt es sich um die Selbstbehauptung des Egos im gewöhnlichen psychologischen Sinne - nicht in dem Sinne, in dem das Wort in der Theosophie gebraucht wird - und dies führt zu Konflikt.

Unsere Wünsche bestehen aus Verlangen und Begierden. Sie sind alle Projektionen aus einem zentralen Egoismus. „Reichtum und Macht“ werden als Gegenstände des Begehrens erwähnt, und es heißt, wenn man erkennt, dass sie nicht besitzenswert sind, „...dann lösen sich alle diese Wünsche“ (S.46). Es heißt weiter: „Soweit ist das alles einfach.“ Stimmt das? Es ist so leicht, sich zu täuschen. Jemand mag behaupten, ihm sei Reichtum oder Macht gleichgültig oder er suche sie nur, um anderen zu helfen. Die Menschen begehren vielleicht Macht und Reichtum, aber sie versuchen, diesen Wunsch annehmbarer zu gestalten, ihn zu verschönern, indem sie sagen, sie möchten anderen damit helfen. Das sind verbreitete Formen der Selbsttäuschung.

Ein ganzer Absatz wird dem Wunsch nach psychischen Kräften gewidmet. Manche Menschen behaupten, nach diesen Kräften nicht zu ihrem eigenen Vorteil oder ihrer eigenen Verherrlichung zu verlangen, sondern nur um ihre Nützlichkeit zu mehren. Es wird uns aber gesagt, dass sich diese Kräfte im Laufe unserer geistigen Entwicklung ganz notwendig entfalten werden. Wenn der Baum ausgewachsen ist, werden die Blüte und die Frucht erscheinen. Wenn diese Kräfte potenziell in unserer Natur vorhanden sind, wenn sie nicht einfach ein verzerrtes Bild von uns sind, werden sie sich unweigerlich entwickeln. „Werden sie vorher erzwungen, so wird das nachteilige Folgen zeitigen." (S.48), sagt der Meister. Und er fügt hinzu: „Wenn der Meister sieht, dass es nützlicher ist für dich, sie schon früher zu besitzen, so wird er dich lehren, wie du sie ohne Gefahr entwickeln kannst." (S.48) Wer solche Kräfte besitzt, wird oft durch das, was er sieht, irregeführt. Er neigt dazu, seine eigenen Gedanken für etwas Besonderes zu halten, leicht eingebildet zu werden und sich für unfehlbar und überlegen zu halten. Oder andere mögen Ansprüche in seinem Namen stellen, und er wird zum Idol, einem „großen“, unnahbaren Menschen. Darum wird in diesem Buch betont, dass man keine psychischen oder anderen Kräfte anstreben sollte.

Verschiedene unwesentliche Wünsche, die die Nützlichkeit und die Schönheit unseres Lebens beeinträchtigen, werden auch erwähnt, etwa der Wunsch aufzufallen, zu prahlen, klug zu scheinen, sich in anderer Leute Angelegenheiten einzumischen und sie zurechtzuweisen. Solche Wünsche sind Projektionen des Egoismus und müssen alle vollständig ausgelöscht werden. Der esoterische Pfad ist eine ernsthafte Angelegenheit.

Es geht darum, an sich zu arbeiten. In Indien gibt es aber Menschen, die meinen, es genüge, sich an die Ufer des Ganges zu begeben, dort zu verweilen und es anderen zu überlassen, für sie zu sorgen. Viele Leute halten solche Menschen für heilig. Aber der Pfad verlangt den Verzicht auf die vielen Wünsche, die erwähnt wurden. Wir müssen sie in uns selbst wahrnehmen und sie beiseite legen – und das erfordert ununterbrochene Beschäftigung damit.

Ein Satz in diesem Abschnitt des Buches bezieht sich auf den wahren Meister. Es wird uns gesagt: „Im Lichte seiner heiligen Gegenwart schwindet jeglicher Wunsch, außer dem einen, so zu werden wie er." (S.45) Es gibt seltene Augenblicke, in denen wir scheinbar wunschlos sind, uns innerlich ruhig und in Frieden mit allen Wesen fühlen. Es handelt sich um einen vorübergehenden Zustand ohne Verlangen oder Druck; es gibt keinen Impuls, keinen Drang, keine Begierde, nichts, was innere Unruhe verursacht. Die Gegenwart des Meisters ruft diesen Zustand hervor, aber wir können ihn nicht bloß durch seine Nähe erlangen. Der Wunsch, ihm ähnlich zu sein, ist nicht der Wunsch, ihn nachzuahmen, sondern er entsteht, weil wir die Schönheit des Meisters gesehen haben und sie lieben. Es gibt keine Neidgefühle; wir vergleichen uns nicht mit ihm.

Im Gedanken „Ich möchte so oder so sein" ist immer Egoismus enthalten. Sobald das „Ich" betont wird, entsteht Egoismus. Psychologisch gesehen, sind wir nie in einem ruhigen Zustand. Es gibt immer eine Bewegung auf etwas hin, das außerhalb unserer selbst ist, und wenn es sich um die Suche nach irgendwelchem Gewinn oder

Vorteil handelt, entspricht diese Bewegung einer Begierde. Wenn aber gar kein Suchen vorhanden ist, wird sie zur Liebe zu einem Menschen, zur Schönheit eines Baumes, eines Sonnenuntergangs oder einer Wolke. Etwas bewegt uns, unsere Aufmerksamkeit richtet sich darauf, und es entsteht eine psychologische Beziehung. In der Absicht, diese Beziehung zum eigenen Vorteil zu nutzen, liegt Egoismus. Ohne Egoismus besteht reine Liebe.

Wir können es uns anders vorstellen Wir wünschen ein gewisses Erlebnis, weil wir es kennen. Hätten wir keine Ahnung, wie es ist, würden wir es nicht wünschen, denn wir können nichts wünschen, von dem wir keine Vorstellung haben. Deshalb können wir die Spiritualität nicht wünschen, weil wir nicht wissen, was sie ist. Was wir wünschen, ist die Wiederholung eines Erlebnisses, das in unserem Gedächtnis vorhanden ist, denn Wünsche beruhen immer auf vergangenen Erlebnissen. Wenn es aber keinen Bezug zu irgendetwas in der Vergangenheit gibt, dann ist jeder Impuls spontan, der in unserem Herzen stattfindet. Obgleich wir einen solchen Impuls manchmal als „Verlangen" bezeichnen mögen, handelt es sich dabei eigentlich um Liebe.

„Liebe" ist ein Wort, das verschiedene Bedeutungen angenommen hat, welche weit davon entfernt sind, das zu vermitteln, was sie in Wirklichkeit ist. In unserer modernen Zeit wird Liebe oft mit einem schwelgenden Gefühl gleichgesetzt; man verwechselt sie auch mit der Wollust. In Wirklichkeit ist Liebe aber ein Zustand der Wunschlosigkeit. Dieser grundlegende Zustand mag vielerlei bedeuten. Weil die Lehren in *Zu Füßen des Meisters* einem

Jugendlichen erteilt wurden, wird die Liebe anhand ihrer natürlichen Ausdrucksformen in verschiedenen Umgebungen und Beziehungen erläutert, was die einzig mögliche Art ist, sie einem jungen Menschen zu erklären. Man kann sich keiner technischen Sprache bedienen, man kann nicht über psychische Zustände sprechen, aber wenn man sagt: „Es bedeutet, dass du gütiger und hilfreicher sein musst", wird der Jugendliche es verstehen.

Im letzten Abschnitt des Buches erklärt der Meister im Einzelnen, dass die Liebe Nichtverletzen bedeutet, keinen Schaden zu verursachen. Es ist eine alte Lehre, die hier aber mit dem Hinweis auf Aberglauben, verschiedene Formen der Grausamkeit und den Schaden, der entsteht, wenn man schlecht oder geringschätzig von anderen spricht, praktisch erklärt wird. Ein Gespräch wird meistens als langweilig und fade betrachtet, wenn es nicht etwas Klatsch enthält. Aber wir müssen einerseits lernen, nicht zu verletzen, und andererseits vom brennenden Wunsch erfüllt sein, allen Menschen, Tieren und sogar Pflanzen zu dienen.

Der dritte Abschnitt behandelt die sechs Eigenschaften oder Erfordernisse der Charakterschulung, die manchmal als die *sechs Juwelen* oder die *sechs Begabungen* bezeichnet werden. Die erste Eigenschaft ist die Beherrschung des Denkens, welches unter anderem auf das Erlangen eines Zustandes der Gelassenheit und des inneren Friedens hinweist. Die zweite ist die Beherrschung des Handelns. Wir müssen unseren Körper beherrschen, wenn wir z. B. Anmut in unseren physischen Handlungen und unserer körperlichen Haltung erzielen wollen. Ebenfalls muss es eine ungezwungene Beherrschung der Natur unserer Gefühle und Gedanken geben. Es gibt Menschen, die etwas gegen Selbstbeherrschung haben, weil wir, wie sie behaupten, spontan und frei sein sollten, aber das sind kindische Behauptungen, die von mangelnder Einsicht zeugen. Die anderen Eigenschaften, die erwähnt werden, sind Toleranz, Gleichmut, Zielstrebigkeit und Vertrauen.

Ich werde nicht näher darauf eingehen, sondern einfach erwähnen, dass statt „Gleichmut“ der Ausdruck „Ertragen“ in den älteren indischen Büchern gebraucht wird. Sri Krishna spricht in der *Bhagavad Gita* von den Gegensatzpaaren – Hitze und Kälte, Freude und Schmerz, Gewinn und Verlust – und fordert Arjuna auf, sie zu „ertragen“.

Die letzten Absätze des Abschnitts über die Liebe sind besonders schön:

„Wer auf dem Pfad wandelt, lebt nicht für sich selbst, sondern nur für andere; er hat sich selbst vergessen, um anderen zu helfen und zu dienen. Er ist gleichsam eine Schreibfeder in Gottes Hand, durch die Gottes Gedanke fließt und so einen Ausdruck finden kann, den er ohne jene Schreibfeder nicht erhalten könnte. Doch er gleicht auch einer Garbe von lebendigem Feuer, welche auf die Welt die Gottesliebe ausstrahlt, die sein Herz erfüllt." (S.79)

Statt „Gottes Gedanke" (d.h. das göttliche, archetypische Denken) könnte man „die Wahrheit" sagen. „Eine Garbe von lebendigem Feuer" ist eine auflodernde Liebe – ein Zustand göttlicher Liebe und göttlichen Mitgefühls, der weit davon enfernt ist, farblos zu sein. Krishnamurti benützt das Wort „Passion" („Leidenschaft"), und das ist hier gemeint.

In einem der Mahatma-Briefe wird das Wort „Flamme" benützt. „Dies ist eine Flamme, die von keinem irdischen Brennstoff genährt wird." Es handelt sich um die Flamme des Lebens an sich, die Lebenskraft, die man in der Natur bei Frühlingsanfang oder vielleicht im Hochsommer spürt. Es folgt der letzte Abschnitt:

„Weisheit, die dich fähig macht zu helfen; Wille, der die Weisheit ausführt, Liebe, die begeisternd durch den Willen wirkt – das sind die drei Erfordernisse. Wille, Weisheit und Liebe sind die drei Aspekte des Logos. Ihr, die ihr in Seine Dienste treten wollt, müsst der Welt diese Aspekte vorleben." (S.79)

Dieser Abschnitt beschreibt mit leuchtenden Worten die Natur jenes grundlegenden Wesens oder Zustandes, in welchem alle Erfordernisse erfüllt sind, welchem sie alle innewohnen. Deshalb – obwohl wir vielleicht davon sprechen, Eigenschaften zu „erlangen“ – kehren wir, wenn wir dem Pfad folgen, zu unserem ursprünglichen, natürlichen Zustand zurück. Denn spirituell zu sein, ist ein Zustand der Übereinstimmung mit dem wahren Wesen der Dinge. Es bedeutet, ohne Spannungen, Stress, Entstellungen und Reaktionen zu leben – ein Zustand, der sich nicht auf Zwang oder Druck gründet.

Die *Bhagavad Gita* legt uns nahe, ohne den Wunsch nach Gewinn oder Belohnung zu handeln. Warum sollten wir also überhaupt handeln? Was ist das Motiv des Handelns? Alle Handlungen, sei es in der physischen oder in der psychischen Welt, entspringen einem Impuls. Es muss einen Anstoß geben, sonst bewegt sich nichts. Und dieser Impuls besteht entweder aus dem Wunsch nach Vorteil, Gewinn, einer körperlichen Empfindung, einem Vergnügen – oder aus spontaner Liebe, die keine Belohnung erwartet. Reine Liebe ist reine Tat. Sie stellt eine mächtige Form der Tat dar, obwohl uns dies nicht bewusst sein mag. Wenn wir eine solche Liebe für einen anderen empfinden, dann wirken wir tatsächlich auf ihn ein, nicht um ihn zum Abbild unserer eigenen unwissenden Ideen zu machen, sondern auf eine Weise, die ihm hilft. „Tue nur das Gute um des Guten willen" (S.47), sagt der Meister. Dies erinnert uns an die Frage: „Wer will Gott selbstlos dienen?" Selbstloser Dienst, der keine Belohnung verlangt, kann nur aus der Liebe zu Gott entstehen. Und da Gott das Unbekannte ist (und wie können wir das Unbekannte lieben?), bedeutet dies, dass wir das Wahre, das Schöne und das Gute lieben, und wir dienen, weil dies der göttlichen Natur entspricht. Vom kosmischen Standpunkt des Idealismus aus, sollten wir die Menschheit lieben. Das aber wäre ein vages Ideal, denn die Menschheit ist eine Abstraktion, wohingegen die Liebe zu einem Menschen wirklich und bedeutungsvoll ist.

Alles, was schön ist, auch wenn es nur einem bestimmten Menschen geschenkt wird, hilft der Welt. Wenn wir also reine Liebe zu einem anderen empfinden, reicht diese Liebe an die Wurzel der Dinge, wo alle eins sind – und so helfen wir dem Ganzen. Alles, was wahr ist, fließt in die große Strömung aller Dinge, wodurch es alles Leben, den ganzen Evolutionsstrom beeinflusst.

Wir sprechen von „meinem Bewusstsein" und „deinem Bewusstsein", aber das sind Unterscheidungen, die wir in unserem Unwissen vornehmen. Denn im Grunde ist das Leben eins, und auch das Bewusstsein ist eins, obgleich es, wie wir meinen, in zwei Teile, – einen der mir, und einen, der einem anderen gehört –, getrennt ist. So bin ich mit Indien, mit dem Hinduismus, mit meiner Familie, mit den Erlebnissen meiner Kindheit und Jugend verknüpft. Dieses Bewusstsein identifiziert sich mit all diesen Dingen und nennt sich „mein". Nehmen wir aber an, dass es diese Identifizierung aufgeben, sich von Indien, vom Hinduismus, von den Traditionen, mit denen es verbunden ist, loslösen kann, dann handelt es sich nur um Bewusstsein. Dann wird es erkennen, dass, obgleich es durch die Identifizierungen, die es beschränken, verändert wird, das Bewusstsein im Grunde genommen in allem gleich ist. Es geht hier um persönliches Wissen und Erleben. Man mag es erfahren, aber dazu muss man zuerst aufhören, sich mit so vielen Dingen zu identifizieren. Von diesem Standpunkt aus gesehen, erzielt die Wahrheit die gleiche Wirkung, unabhängig davon, ob sie einem Einzelnen, vielen oder der ganzen Welt gehört.

Annie Besant
Der Pfad zum
Tempel der Weisheit
Geb., 200 Seiten
ISBN 3-89427-238-4

Einer der unsterblichen Klassiker von Annie Besant in neuer Bearbeitung in der Reihe „Perlen der Weisheit"!
Annie Besant beschreibt in ihrer kraftvollen und bildreichen Sprache die Stationen des inneren Weges, welchen die geistig strebende Seele durchlaufen muss, ehe sie am Portal zum „Tempel der Weisheit" anklopfen darf. Sie durchschreitet die Stufen der Läuterung, der Gedankenbeherrschung und der Charakterbildung, bis sie nach einer gleichsam alchemistischen Verwandlung reif geworden ist, um in die zeitlosen göttlichen Geheimnisse eingeweiht zu werden.

Annie Besant
Die Lehre des Herzens
Geb., 160 Seiten
ISBN 3-89427-227-9

Wenn der geistige Sucher viele Jahre oder Jahrzehnte den Pfad des Studiums oder den Weg der Erkenntnisgewinnung gegangen ist, muss er den Pfad des Lernens verlassen und den Pfad des Herzens betreten. Ist dieser Augenblick gekommen, so sollte er dieses kleine Buch über „Die Lehre des Herzens" zur Hand nehmen. Es wird ihm ein unvergleichlicher Ratgeber auf dem Pfad ins Licht sein. Ein Schlüssel, um die Pforte des Herzens zu öffnen, durch die allein der Weg ins LICHT führt.
Ein Meisterwerk der esoterischen Literatur, das allerdings nur mit dem Herzen wirklich verstanden werden kann!